JN438723

시가새

시계새

김순경 수필집

수필과비평사

| 서문 |

갈수록 국적 없는 문화가 범람한다. 쏟아지는 외래문화를 비판 없이 수용하고 우대하면서 많은 고유문화가 사라졌다. 반만년 이 땅을 지켜온 조상들의 삶이 고스란히 녹아 있는 민속악도 무관심과 외면 속에 빛을 잃거나 흔적만 남아 겨우 연명하는 분야가 많다. 어떤 음악보다 흥겹고 다양한 가락으로 이루어진 민속악의 우수성을 널리 알려 전통문화에 대한 자긍심을 갖도록 하는 것이 본 수필집 발간의 목적이다.

유년 시절부터 민속악을 가까이했다. 시골에서 민요와 판소리를 배우고 농악대에서 꽹과리와 장구를 치면서 크고 작은 공연무대에도 섰다. 무시할 수 없는 현실의 벽에 막혀 애써 외면하려 했지만, 풍물이나 삼현육각의 소리만 들려도 그쪽으로 발길이 향했다.

국악 공연을 보고 나면 구슬프고 신명 나는 가락이 늘 이명처럼 귓가에 머물렀다. 무병처럼 다가오는 환청을 떨쳐내지 못하고 무릎장단에 맞춰 혼자 노래를 불렀다. 마땅히 설 무대도 없고 들어줄 사람도 많지 않지만, 오늘도 젊은 스승 앞에서 북을 치며 소리의 늪에서 허우적댄다.

작가의 실제 경험과 체험을 바탕으로 그 깨달음을 미적으로 구조화한 사실적인 글이 대부분이다. 사랑과 번뇌를 한으로 풀어낸 민속악의 울림을 문학적으로 형상화하여 독자와 소통하는 성찰과 치유의 수필을 쓰고, 국악 수필의 스토리텔링화로 대중적 미래 문학으로 자리매김하여 지성적인 문학으로 발전시키고자 한다. 21세기 독자 취향에 맞는 수필, 시대 요구에 따른 확실한 수필 장르를 구축하여 새로운 독자층을 확보하고 전통을 계승하고자 한다.

2022년 12월

김순경

| 차례 |

제 2 장 시나위

제 3 장 사물놀이

제 4 장 더늠

제 1 장

득음得音

득음得音

뜬쇠, 소리비에 젖다

도창導唱

눈대목

시김새

비가비

추임새

귀명창

소리꾼의 길

다시래기

득음得音

매미 소리가 요란하다. 햇살이 두터워질수록 더 크게 울어 댄다. 더위가 짙어지자 갖가지 음색과 장단으로 뜨거운 생을 토해 낸다. 여름이 가기 전에 해야 할 일이 남았는지 절박감마저 묻어난다. 누가 먼저랄 것도 없이 경쟁하듯 질러 대는 소리에 점차 목이 잠겨간다.

지리산 달궁達宮 계곡을 찾아갔다. 장마가 끝난 평일이라 주차장은 텅 비었고 노고단에서 뻗어 내린 깊은 계곡에는 맑은 물살이 세차게 굽이쳤다. 며칠 동안 쏟아진 장맛비로 불어난 물이 급류를 이루며 바위를 돌아 콸콸 흘러내렸다. 비 온 뒷날이라 풀잎마다 생기가 돌고 머리를 치켜든 칡넝쿨이 사방을 두리번

거린다. 골짜기에는 널브러진 바윗돌과 크고 작은 소沼들이 연이어 나타난다.

그늘에 앉아 잠시 숨을 돌린다. 갈참나무 이파리를 비집고 내려온 햇살이 무릎 위에 내려앉는다. 시끄럽게 우는 매미 소리가 잦아들자 흘러가는 물소리도 고요한 계곡의 정적 속에 가라앉는다. 사방에 늘어선 나무와 치솟은 바위 능선은 미처 빠져나가지 못한 안개에 가려 희미한 형상만 드러낸다. 바위에 걸터앉아 먼 산꼭대기에 걸린 흰 구름을 바라보니 한 폭의 수묵화를 보는 듯하다.

어디선가 노랫소리가 들린다. 가늘고 맑은 목소리인 걸 보니 성대를 다듬고 있는 것 같다. 판소리는 오장의 소리를 농락하는 성음 놀이라 지나치게 거친 떡목이나 너무 맑은 양성은 사설의 이면을 그려내지 못한다. 탁하면서도 맑고 거칠지만 부드러운 맛이 나는 곰삭은 목소리가 여러 역할을 소화하는 데 적합하다. 소리가 들렸던 쪽으로 조심스럽게 다가갔지만, 어디에도 사람의 모습은 보이지 않는다. 한 소절이라도 끝까지 이어가면 찾을 수 있을 것 같은데 음높이를 잡는지 목을 푸는지 들릴만하면 끊어진다.

원하는 목소리를 얻는 것은 득도와 같다. 아무나 미혹의 세계를 넘어 깨달음의 경지에 이르지 못하듯이 원하는 목소리를 얻는

데는 생사를 넘나드는 고통이 따른다. 수많은 날밤을 번뇌와 싸우며 육신의 껍질을 벗어버리고 새로운 정신세계에 이르는 수도자의 과정을 거쳐야 한다. 많은 사람이 그 길에 들어서지만, 끝까지 가는 이는 드물고 간다고 해도 원하는 답을 얻지 못하는 경우가 많다. 목을 다듬는다며 이름난 산과 강을 찾아다니는 사람은 많아도 좋은 목소리를 가진 소리꾼은 많지가 않다.

한동안 계곡의 급류를 내려다본다. 폭포처럼 힘차게 흘러가는 물소리가 점차 매미 소리에 묻힌다. 빨래판 같은 복근을 움직이며 피를 토하듯 악을 쓰는 매미 소리를 뚫고 또 소리가 들려온다. 잽싸게 소리 나는 곳을 살펴보니 큰 바위 밑에 사람이 보인다. 폭포와 맞서 고함을 지르는 사람은 나이 어린 학생 같았다. 바위를 두드리며 애절하게 부르는 소리는 〈춘향가〉의 눈 대목 '쑥대머리'였다. 몸을 비틀고 머리를 흔들며 단전에 기를 모으고 목청을 가다듬는다. 죽을힘을 다해 날개돋이하는 매미처럼 처절하게 소리의 허물을 벗고 있었다.

허물을 벗는 것은 새롭게 태어나는 것이다. 매미는 수년 동안 애벌레로 살아가다 우화의 과정을 거쳐 성충이 된다. 다시 태어나려면 말할 수 없는 아픔을 견뎌내야 한다. 세상 어디에도 고통 없이 태어나는 것은 없다. 진정한 소리꾼이 되려면 긴 세월 땅속에서 인고의 세월을 보낸 매미의 애벌레처럼 내공을 쌓아야 한다.

타고난 성음을 버리고 새로운 목소리를 얻는 것은 애벌레가 날개를 다는 것만큼이나 힘든 과정이다.

목청이 좋아야 소리가 산다. 아무리 인물이 출중하고 너름새가 좋아도 성음이 우선이다. 우렁차고 탁 트인 청이 아니면 관객의 공감을 얻기 어렵다. 많은 사람이 소리꾼을 포기하는 것도 그 때문이다. 상처 난 성대에 굳은살이 앉아야 상청과 하청을 마음대로 들락거리고 도깨비 울음소리나 귀신을 불러들인다는 바람소리도 낼 수가 있다. 감싸듯 보드랍게 어루만지다가도 불처럼 달려들고 도도하게 흐르는 강물처럼 밀고 가다가도 천둥과 벼락을 동시에 몰고 올 수 있어야 청중이 공감한다. 귀명창은 많아도 진정한 소리꾼이 드문 것도 그 때문이다.

몇 해 전부터 판소리를 배우러 다닌다. 알 수 없는 매력에 빠져 가끔 따라 불렀지만 마음에 차지 않았다. 긴 사설을 외우고 장단을 맞추는 것보다 소리의 멋을 낼 수가 없었다. 점차 자신감을 잃어 가면서 남 앞에 서는 것이 두려워졌다. 아무리 흉내를 내도 제대로 된 가락을 탈 수가 없었다. 더는 미룰 수가 없어 수소문 끝에 소리 선생을 찾아갔다. 그렇게 시작한 소리 공부는 몇 해가 지났지만 잘 익은 김치처럼 깊은 맛을 내지 못한다.

일 년 정도면 충분할 줄 알았다. 흥얼거리는 민요가 많아 몇 달이면 단가 몇 곡은 확실하게 부를 수 있을 것 같았다. 무엇보다 우리 가락에 대한 자신감이 넘쳤다. 대학 때 농악을 배웠고 민요를 많이 부르다 보니 어디를 가도 남도소리 몇 곡은 읊을 수 있었다. 모임에 가면 마치 소리꾼이라도 된 것처럼 서슴없이 나섰고 무대를 두려워하지도 않았다. 범 모르는 하룻강아지처럼 제대로 알지도 못하면서 언제나 겁 없이 흉내를 냈다.

판소리는 민요와 완전히 달랐다. 광대 한 사람이 고수의 북장단에 맞춰 서사적인 사설을 노래와 말과 몸짓으로 나타내는 종합 예술이었다. 목청만 잘 다듬어 소리를 하면 되는 것이 아니었다. 유행가처럼 노래만 부르는 것이 아니라 혼자서 여러 역할을 소화하고 사설의 내용을 정확히 전달하는 만능 연기자였다. 무엇보다 어려운 것은 다양한 수준의 청중과 끊임없이 교감하는 일이었다. 때로는 즉흥적인 가락으로 공감대를 만들고 시들해지는 불씨마저 살려야 하는 판소리는 혼의 소리 같았다.

지난가을, 폭우가 내린 다음 날 우연히 폭포 앞에 섰다. 힘차게 떨어지는 폭포 소리에 맞서 고함을 질렀다. 아랫배에 힘을 주고 목청껏 고함을 쳤지만 우렁찬 폭포 소리에 묻혀 나에게조차 들리지 않았다. 현기증이 날 정도로 크게 소리를 질렀으나 마찬가지였다. 어설프게 소리꾼의 흉내를 냈지만 사설과 장단은 폭포 속에 묻히고 흩날리는 물보라에 몸만 젖어갔다. 폭포 소리를 이겨낸 명창들의 목청은 명산대천을 찾아다니며 피를 토한 고통의 산물이라 하지 않던가. 내겐 아직 아니었다.

판소리에서 가장 중요한 것은 성음이다. 성음을 자유자재로 구사해 사실을 제대로 그릴 수 있는 완성된 목소리를 얻어야 소리꾼이 된다. 모든 소리를 자연에 가깝게 묘사할 수 있어야 숨은 뜻도 전달할 수 있다. 수없이 목이 잠겼다 풀리기를 반복하며 만들어진 상처 난 성대가 폭포를 타고 하늘도 뚫을 수 있는 소릿길을 만든다. 그런 웅장한 목소리를 얻는 것이 득음이다.

득음은 새로운 세상을 여는 것이다. 스스로 껍질을 벗지 못하면 매미가 될 수 없듯 버려야 도달할 수 있다. 평생 수도자의 길을 가면서도 깨달음을 얻지 못하는 사람이 많은 것처럼 피를 토한다고 진정한 소리꾼이 되는 것은 아니다. 죽음보다 더한 고통을 넘어서야 삶의 희로애락을 소리로 나타낼 수가 있다. 세상 어떤 일도 바닥을 치지 않고 일어서는 것은 사상누각에 불과하다.

매미가 소리와 싸운다. 내일이면 명이 다하는 줄도 모르고 단전에 힘을 주고 공명통을 울려 득음의 경지를 펼친다. 어떤 명창보다도 여름을 뜨겁게 물들인다.

뜬쇠, 소리비에 젖다

전율에 숨소리마저 잦아든다. 노련한 손놀림이 다독이자 육신의 떨림이 가늘게 전해진다. 끈을 걸친 왼손 엄지를 한 바퀴 돌리자 바로 온몸을 맡겨온다. 집게손가락으로 전두리를 받치니 햇살에 반짝이는 만월이 되어 환하게 웃는다. 오랜 세월 쇠재비를 기다렸다는 듯 금세 한 몸이 된다. 진폭을 키운 파장이 성난 파도가 되어 소용돌이치면 쇠도 쇠재비도 땀 범벅이 되었다.

국립국악원을 찾아가다 한곳에 눈길이 닿았다. 인적이 끊긴 지 오래인 듯 열기에 지친 광장은 우람한 건물들이 둘러싸고 있었다. 넓은 공터에 펼쳐진 멍석에는 동그란 놋쇠 두 개가 나란히 놓여 있었다. 앞뒤 생각할 겨를도 없이 몸이 앞장섰다. 멍석에 앉자마자 본능적으로 놋쇠 하나를 살며시 끌어당겼다. 오랜만에 쇠를 잡았다. 야무지고 단단함이 손끝에 전해지자 오랜 지기를 만난 듯 반가웠다. 쇠를 손에 걸고도 그리움과 회한이 뒤엉켜 한동안 멍하니 앉아만 있었다. 애처롭고 애틋한 마음이 밀려와 선불리 장단을 칠 수가 없었다. 자세도 가락도 잊은 채 세월의 더께가 버짐처럼 번져있는 꽹과리만 바라봤다. 화려하고 아름다운 기억마저 풍장처럼 날려 보내고 물끄러미 바라보는 몰골이 목울대를 뜨겁게 했다. 비구름을 몰고 다니며 생명의 소리비를 쏟아내 대지를 적시던 통통하고 반질거리는 얼굴은 어디에도 없었다. 검푸른 이끼를 뒤집어쓴 초라한 모습을 한참 동안 연민의 눈길로 바라봤다.

번개를 치며 하늘의 문을 연다. 긴 세월 학수고대하던 연인을 만난 듯 낮고 느린 장단으로 토닥거리자 기다렸다는 듯 몸을 떤다. 둥구 채가 굴리듯 쓰다듬듯 빗금을 치니 작은 진동이 물결을 이룬다. 아무도 관심을 주지 않는 곳에서 얼마나 기다렸는지 손길이 닿기만 해도 울음보가 터진다. 온기 어린 손가락으로 추슬러보지만, 찍찍거리며 무방비 상태로 몸을 기댄다. 빠른 운율로 장단을 이어가자 하늘과 땅을 울리며 점점 구슬프게 운다. 따뜻한 손길이 등을 토닥거리자 얼굴을 파묻고 원망과 환희에 찬 눈길로 쳐다본다. 애잔한 마음이 손끝을 타고 심장으로 전해진다. 참았던 서러움이 전신으로 퍼져나가자 채가 점점 빠르게 움직인다. 크고 작은 진동이 심장을 두드릴 때마다 질곡의 역정이 되살아난다.

얼마나 내리쳤는지 아직도 물비늘 같은 흔적이 곳곳에 남아 있다. 높은음을 내는 수컷과 부드럽고 낮은음을 담당하는 암컷이 바람과 구름을 부르고 번개와 천둥을 친다. 허공을 가르고 땅을 차고 오르는 소리는 어디에서 온 것일까. 가락을 잡아주고 놀이패를 지휘하는 상쇠가 끊임없이 뿜어내는 부쇠의 기본 장단을 희롱하는 짝드름은 누구도 흉내 낼 수 없다. 장단을 밀고 당기고 울음을 막고 터면 고음과 저음이 서로 밀고 보듬고 풀었다 감싸기를 반복한다. 빠른 장단이 앞서가면 느린 장단이 운명처럼 따라가는 화음은 리듬의 으뜸이다. 손가락을 붙였다 떼기를 반복하는 쇠재비도 어느새 나비가 되어 너풀너풀 춤을 춘다. 한바탕 격정적인 사랑놀이 끝에 이어지는 잔잔한 대화가 다시 격류의 소용돌이로 몰고 간다.

둥근 채로 칠 때마다 소리를 낸다. 내려고 낸 것은 아니다. 하얀 손수건으로 입을 틀어막고 흐느끼는 미망인처럼 참으려 해도 새어 나오면 어쩔 수가 없다. 가락을 타던 쇠재비가 손가락을 입술에 살포시 갖다 대며 진정시킨다. 큰 울음이 날 때마다 접지接指를 반복한다. 나무 채가 단단한 육신에 닿을 때마다 가슴에 꾹꾹 눌러 두었던 감정을 거침없이 토해낸다. 능수능란한 쇠재비와 놋쇠는 어느새 일체가 되어 무아 지경에 빠져든다. 불씨를 살리는 굿거리장단이 파도를 타면 이성의 벽은 힘없이 무너져 내린다.

아무 품에나 들지는 않는다. 마음에 들지 않으면 억지로 끌려가도 입을 다문다. 힘으로 밀어붙이거나 강제로 달려들면 장단도 가락도 없다. 알아주고 믿어줄 때 소통도 가능하다. 비로소 몸속에 저장된 본능적인 소리가 흘러나온다. 명마도 주인을 만나야 제 실력을 발휘하듯 세상 만물이 걸맞은 상대를 만나야 빛이 난다. 함부로 쇠를 다루는 사람을 만나면 깨지고 바스러져도 장쾌한 선율을 내지 않는다. 그러기에 자신을 진실로 알아주는 사람에게는 목숨까지 바친다는 말도 있다. 천지에 어느 것 하나 마음 내키는 대로 마구 다루거나 허투루 대할 수 있는 것은 없다.

휘모리장단이 폭풍우가 되어 몰아친다. 이전 장단과는 비교가 되지 않는다. 어찌나 빠른지 채가 몇 개로 헛보인다. 몸에 새겨 놓은 가락으로 허공을 가르며 내려지는 채를 잡은 손에서 눈을 뗄 수가 없다. 진동과 파장이 얽히고설켜 암수 구별도 제대로 되지 않는다. 박석의 뜨거운 열기가 전신으로 번지자 굳었던 근육이 완전히 풀린다. 내외하듯 어색해하던 모습은 사라진 지 오래다. 이제는 누가 먼저랄 것도 없이 서로 소리에 탐닉한다. 뜬쇠가 머리카락을 휘날리며 연체동물처럼 흐느적거린다. 호흡이 빨라지자 떨어지는 땀방울이 쇠를 친다.

짧은 파장이 진폭을 키운다. 번개가 번뜩이고 천둥이 우르릉거리듯 걷잡을 수 없는 파열음을 낸다. 탄력을 받은 채가 오랫동안 뒤집어쓰고 있던 푸른 이끼를 떨어낸다. 꽹과리를 치는 사람도 지그시 눈을 감고 선율에 몸을 싣는다. 단단한 놋쇠의 진동이 가슴으로 전해지자 물아일체의 경지로 향한다. 뚝뚝 떨어지는 땀방울이 허공에 뿌려진다. 동심원을 따라 울려 퍼지는 흐느낌이 통곡으로 변하면 쇠재비도 따라 운다. 고통과 번뇌에 찌든 영혼에 축적된 잡념도 산산이 부서지고 흩어진다.

이제는 멈출 수가 없다. 폭주의 길을 막을 자는 아무도 없다. 일진광풍이 되어 거세게 휘몰아친다. 육신이 지치고 으스러진다 해도 아쉬울 게 없다. 평생 이런 희열을 맛볼 수 있는 날이 다시 오겠는가 싶다. 어차피 오면 가고 가면 다시 오는 법, 무슨 말이 필요하겠는가. 흐르는 강물에 두 번 세수할 수 없다고 했다. 정점을 지난 마지막 장단이 쇠를 떠난다. 허공에 스며들 때까지 정지된 화면처럼 악공은 꿈쩍도 하지 않는다. 격렬하던 장단이 하늘로 향하자 가슴속 번뇌도 바람과 함께 사라진다.

관객 하나 없는 공연이 끝났다. 꽹그랑거리며 영혼을 불러 모았던 마지막 파장마저 허공 속으로 사라지자 무겁게 짓누르던 만 가지 잡념도 눈 녹듯 녹아내린다. 잠시 정적이 흐른 광장은 매미의 핏대 선 울음소리로 다시 채워진다.

도 창導唱

무대장치는 크게 다르지 않았다. 배경이나 소품만 보면 연극이나 신파극과 유사했다. 남장 해설자가 나와 설명하기 전까지는 그랬다. 보일 듯 말 듯 한쪽에 진을 치고 있는 삼현육각의 주변은 아직도 정리가 덜 된 듯 조금은 어수선했다. 북재비가 자세를 다잡고 매무시를 가다듬는 것을 보니 곧바로 공연이 시작될 것 같았다.

창극唱劇 〈춘향전〉이다. 전주곡이 끝나지 소리꾼과 고수가 정중하게 인사를 하고 자리를 잡는다. 구경꾼의 수준이나 시간 등을 고려한 첫 장면이 그날 공연의 성패를 좌우할 수도 있어 신중하게 막을 연다. 관객의 시선을 한 몸에 받은 도창導唱이 어떤 대목부터 시작할 것인가를 창唱으로 알려준다. 워낙 잘 알려진 사설이라 줄거리를 모르는 사람은 없지만, 어느 가인이 얼마나 재미있고 감동적으로 풀어낼 것인가에 촉각을 곤두세운다.

판소리 무대와는 다르다. 원색으로 그려진 그림과 다양한 소품이 사실적인 분위기를 자아낸다. 중국 경극이나 일본 가부키처럼 노래와 춤과 연극이 혼합된 종합예술이라 복장과 화장부터가 판이하다. 지나치게 화려하거나 진하지 않아도 예전에 볼 수 없던 특이한 공간과 다양한 복식이다. 고수 한 사람에 의지하던 반주도 거문고와 가야금, 대금 등이 사설에 맞는 반주와 효과음을 더한다. 명창과 고수가 일인다역을 소화하는 소리판보다 훨씬 눈요깃거리가 많다.

도창은 주인공이 아니다. 재담과 아니리, 창으로 극의 맥을 이어주고 청중들의 시선과 감정을 공백없이 끌고 가는 역할을 담당한다. 막과 장이 바뀌면서 잠시 끊어지는 빈틈을 연결하고 출연진의 환복과 소품을 준비할 수 있는 시간을 벌어주며 난해한 사설은 이해하기 쉽게 해설도 곁들인다. 가끔은 주연이나 조연이 충분히 기량을 발휘하고 관객의 감정이 흩어지지 않게 수시로 연단에 올라 분위기를 몰고 간다. 실연實演 경험이 많고 임기응변이 뛰어난 소리꾼이라야 맡을 수 있는 최고의 자리다.

도창의 신호에 따라 춤판이 벌어진다. 춘향과 향단이를 비롯한 많은 무용수가 오월 단오의 즐거운 분위기를 연출하자 이도령이 풍광을 읊으며 천천히 등장한다. 한바탕 신나게 놀고 난 무대에는 주인공만 남는다. 방자에게 춘향이를 데려오라는 아니리가 끝나자마자 한편에서 소리로 주변 상황을 설명한다. 방자의 소리가 열기를 더해가자 가야금과 거문고가 애잔함을 불러온다. 해설사가 안내하는 대로 합창과 독창이 어지럽게 어우러진다. 모두가 창을 하고 반주자가 된다. 열창과 익살스러운 동작에 빠져든 청중들이 무릎을 치고 추임새를 연발한다.

창극의 역사는 길지 않다. 판소리가 바로 변한 것은 아니다. 혼자 부르던 전통 판소리를 남녀 소리꾼들이 나누어 부르다가 도창의 해설에 따라 주어진 배역을 소화하는 대화창對話唱으로 발전했다. 서로 대화하듯 이어지던 소리에 역할에 맞는 사실적인 연기가 더해지면서 새로운 장르가 되었다. 명창 김창환과 강용환이 중심이 되어 1903년 〈춘향선〉, 1904년 〈심청선〉을 극화했지만, 소재 고갈로 어려움을 겪었다. 원각사에서 창극 〈최병도타령〉을 만들었으나 오페라나 신파연극 같은 새로운 볼거리에 밀려 주목받지 못하다가 국립 극단이 창단되면서 국극國劇으로 자리를 잡았다.

연극보다 오페라에 가깝다. 연극은 말과 행동으로 어떤 사건이나 인물을 나타내지만, 창극은 다양한 장단의 판소리가 기본이다. 밀고 당기며 공간을 채워 나가는 소리가 없으면 공감을 얻지 못하고 연기가 받쳐주지 않으면 실감이 나지 않는다. 방자와 향단이 또랑광대 역할로 익살스럽게 판을 깔자 사설의 이면에 깔린 〈사랑가〉가 자연스럽게 이어진다. 꽃을 탐하는 벌과 나비처럼 중중모리장단으로 신명 나게 소리를 주고받는 이도령과 춘향뿐만 아니라 모두가 절창이고 명배우다.

북 하나를 메고 방방곡곡을 누비는 시대가 막을 내렸다. 화려한 무대와 대규모 공연단에 밀려 점차 설 자리를 잃었다. 부잣집 사랑채나 공터에서 고수의 장단에 맞춰 벌어지던 소리판은 거침없이 밀려드는 신문물에 자리를 내줘야만 했다. 생계가 막막해진 소리꾼들은 하나둘 살길을 찾아 소리판을 떠났다. 국극은 오페라나 오페레타 같은 서양 문화와 일본의 신파극에 대응하기 위한 자구책으로 생존을 위한 전통 소리의 몸부림이었다. 한때 유행한 적도 있지만, 지금은 겨우 명맥만을 유지하고 있어 관람조차 어렵다.

창극에서 도창은 소리꾼이고, 해설가이고, 사회자다. 수많은 악공과 무용수가 등장하는 대형 극단을 끌고 간다. 시작과 끝을 알리는 종묘제례악의 집박과 달리 전 과정을 정확하게 파악하고 진행해야 관객과 교감하고 공감할 수가 있다. 극이 끝나면 주인공의 역할과 능력만 이야기할 뿐 누구도 도창은 입에 올리지 않는다. 소리를 잘하는 사람들도 주인공 자리에만 눈독을 들이지 일만 많고 빛이 나지 않는 역할에는 관심이 없다. 어사가 출두하고 박수 소리와 함께 공연이 끝나자 기념 촬영하겠다는 사람들이 춘향과 이도령에게 우르르 몰려든다. 그제야 한 사람이 안도의 한숨을 내쉬며 슬며시 무대 뒤로 사라진다.

주인공과 승자만 빛나는 세상이다. 자신을 낮추고 드러내지 않는 바라지나 들러리는 아예 안중에도 없고 오직 정상에 오른 사람에게만 관심을 가진다. 크고 작은 모임에서도 궂은일을 도맡는 자리보다 가장 높은 수장의 자리에만 눈독을 들인다. 문명이 발달하고 물자가 풍부할수록 모두가 정상만 탐내고 주역이 되려고 한다. 자신을 낮추고 상대를 먼저 배려하는 사람을 찾기가 도창 만나기보다 더 어려운 세상이다.

눈대목

*'사람이 천 냥이면 눈이 구백 냥이다'*라는 말이 있다. 그만큼 중요하다는 이야기다. 사물을 바라보고 정보를 알려주기만 하는 것이 아니라 때로는 세상살이의 희로애락을 표현하기도 한다. 사람뿐만 아니라 다른 생물들도 다양한 형태의 눈을 통해 상황을 판단하고 존재감을 드러낸다.

눈은 말보다 순수하고 진실하다. 간혹 불리한 사실을 숨기려다 보면 눈빛부터 흔들린다. 거짓말을 하다가도 눈을 똑바로 보고 다그치면 대부분 고개를 떨군다. 입은 쉽게 거짓말을 해도 양심의 창인 눈은 마음을 속이지 못한다. 때로는 눈만 마주쳐도 무슨 생각을 하고 있는지 짐작할 수 있다. 중대한 사안은 서로 얼굴을 맞대고 의논하는 것도 그 때문이다.

회사 간부였을 때다. 회의 없는 날이 거의 없었다. 회의실에 들어갈 때마다 참석자의 표정부터 살폈다. 곁눈질만 해도 심각한 사안인지 아닌지가 금세 느껴졌다. 어떤 사람은 속마음이 들킬까 봐 수첩만 내려보거나 고개를 돌리고 능청을 떨었다. 상담할 때는 더했다. 완전 눈치 싸움이었다. 본능적인 감각이 실력이나 말주변보다 훨씬 성공확률이 높았다. 상대방의 의중을 모르고 엉뚱한 말을 꺼냈다가는 다 된 밥에 코 빠뜨리는 격이 되었다. 외국인과 상담할 때도 어설픈 외국어보다 진실한 눈빛이 효과적일 때가 많았다.

한국화를 배울 때도 인물화가 가장 어려웠다. 움직이는 동작은 물론이고 표정을 제대로 나타낼 수가 없었다. 붓질이 조금만 미흡해도 표정이 완전히 달라졌다. 얼굴 중에도 눈이 항상 문제였다. 가장 중요한 부분을 완성 시켰을 때 쓰는 화룡점정이라는 말이 실감났다. 아무리 용의 형상을 잘 그려도 눈이 없으면 이무기보다 못하다. 조선 후기 문인 화가인 윤두서는 자화상을 얼굴만 그렸다. 몸은 완전히 생략하고 두상만 그린 특이한 형식의 자화상이다. 섬세한 필치로 정확하게 묘사한 정기 어린 눈을 보고 있으면 금방이라도 무슨 말을 건넬 것처럼 생동감이 넘친다.

판소리에도 눈이 있다. 한바탕 사설 가운데 없으면 안 되는 핵심 내용이다. 수많은 대목 중에서 골격을 이루는 눈대목은 많지 않다. 소리의 내용상 골격에 해당하거나 관객의 흥미를 끌 수 있는 장면이다. 가장 많이 알려진 춘향가도 크게 보면 사랑과 이별, 수난과 재회의 장면으로 구성되어 있다. 많은 대목이 있으나 대부분 주요 대목의 효과를 극대화하기 위한 곁가지 같은 역할을 한다. 수십 개의 대목으로 구성된 춘향가도 눈대목은 손가락으로 꼽을 정도다. 마음대로 조작하거나 뺄 수 없는 대목이라 소리꾼은 최선을 다해 기량을 발휘한다. 한 소절만 들어도 바로 실력을 평가하는 귀명창이 많아 명창들도 사력을 다한다.

눈대목은 필수와 선택으로 나뉜다. 듣고 부르는 사람의 취향에 따라 차이는 있지만, 반드시 들어가는 대목과 포함되었다가 빠졌다가 하는 대목이 있다. 〈춘향가〉의 '어사출도'나 〈심청가〉의 '심봉사 개안', 〈흥보가〉의 '박타령'과 같이 꼭 필요한 내용은 당연한 대목으로 자리 잡고 있으나 〈흥보가〉의 '가난타령'이나 〈적벽가〉의 '군사 설움'은 삭제해도 무방하나 음악적인 완성도가 높아 포함될 때도 있다.

글도 마찬가지다. 눈대목과 같은 기둥의 개수는 정하기 나름이다. 작가가 설계하고 제작하여 서로 연결해야 집의 형태가 완성된다. 수년 동안 글 집을 지으려고 애를 써도 원두막도 제대로 못 짓는 경우가 허다하다. 날마다 고민하고 씨름을 해도 공포인지 서까래인지조차 구분하지 못하고 올렸다 내리기를 반복한다. 어쩌다 기둥을 찾아도 어디에 놓아야 할지를 몰라 이곳저곳으로 들고 다닌다. 한참을 방황하다 보면 방향감각마저 잃고 뒤죽박죽된 부재만 만지작거린다. 어쩌다 기둥을 만들어도 주변 부재들을 맞추지 못해 너저분하기만 하다.

소리는 서두를 잘 잡아야 한다. 관객의 마음을 단번에 끌어당겨야 이목을 집중시켜 다음 대목으로 끌고 갈 수가 있다. 말은 쉽지만 여간 어려운 일이 아니다. 청중은 조금만 허점이 보여도 눈과 귀를 바로 닫아버린다. 울림도 있어야 한다. 범종의 묵직한 떨림과 같은 파동이 폐부를 꿰뚫을 듯 파고들어야 마른침을 삼키고 추임새를 내뱉는다. 두께와 깊이가 없으면 여운이 남지 않는다. 거문고 소리처럼 음音과 운韻이 조화를 이룰 때 새로운 경지를 맛볼 수 있고 여운도 길게 이어진다. 끊임없이 생각하고 공감하며 주인공과 일체가 되었나는 생각이 들어야 일종의 카타르시스가 생긴다.

인생에도 눈대목이 있다. 살아온 인생역정에서 빼놓을 수 없는 부분이다. 거창하거나 화려하지 않아도 되고 누구나 공감할 수 있는 일이 아니어도 상관없다. 살아오면서 굽이굽이 꼬이고 맺힌 일뿐만 아니라 가슴속에 재워둔 사연일 수도 있다. 반드시 인생의 반전을 가져오거나 눈물을 자아낼 만큼 진한 감동을 주지 않아도 되고, 애절함이 극에 달해 손에 땀을 쥐게 하지 않아도 된다. 이어지는 삶의 역정을 기둥처럼 떠받치는 부분이면 된다. 도도하게 흐르는 강물처럼 순탄하고 평범하게 산 것 같지만 격랑의 세월을 이겨낸 사람들이 대부분이다. 쓰러져 일어설 수 없을 만큼 힘들 때도 무너지지 않게 받쳐준 사연이 눈대목이다.

사람들은 가시를 하나쯤 가슴에 묻고 산다. 어쩌다 한 번씩 참을 수 없을 만큼 아프게 찔러대도 내색하지 않는다. 어느 시인은 흔들리고 젖으며 꽃이 피듯이 쉽게 이루어지는 사랑이나 젖지 않고 가는 삶은 없다고 했다. 밟히고 찢겨 만신창이가 되어도 때가 되면 꽃을 피우고 열매를 맺는 질경이같이 일어서야 한다.

가끔 판소리를 한다. 많은 사람이 알고 있는 부분이라도 부를 때마다 느낌이 다르다. 같은 사람이라도 몸 상태에 따라 다르게 들리고 사람이 바뀌면 들을 때마다 새롭다. 소리도 삶도 아직 여물지 못했는지 나의 눈대목은 뚜렷하지 않다. 물기를 다 비운 고목처럼 목질과 옹이가 드러나야 보일 것 같다. 그냥 혼자 생각이다.

시김새

떨다가 꺾이더니 밀려간다. 소沼에서 돌던 급류가 절벽에 떨어지듯 성음이 뚝 떨어진다. 상청과 하청이 춤을 추듯 넘실대며 몸을 섞는다. 굴곡 없는 가락이 없듯이 순탄한 삶도 없다. 자신의 소리만 토해내는 시나위 가락처럼 사람들도 각자의 아픔을 되새기고 삭이며 살아간다.

예로부터 노래는 생활이다. 인간은 노래와 더불어 살아왔다. 논밭이나 우물가에서도 장단을 맞추고 나무하러 갈 때도 콧노래를 흥얼거리며 지게 목발을 두드렸다. 누군가의 메기는소리에 너나 없이 후렴 부분을 받아냈다. 모두가 참여하는 노래라 동질성을 나타내는 수단이기도 했다. 요즈음은 노래와 떨어져 살 수가 없다.

골목마다 노래방이 있고 운전하거나 지하철 속에서도 음악을 듣는다. 오늘도 어디선가는 노래자랑과 오디션에 젊은이들이 열광한다.

어릴 때부터 전통 민요를 좋아했다. 정초에 마을 어른들이 풍물을 치면 노래를 부르며 따라다녔다. 굿거리장단에서 자진모리장단으로 이어지면 등에 업힌 동생도 저절로 춤을 추었다. 그때 들었던 장단으로 초등학교 학예회에서 장구를 쳤고 대학에서는 꽹과리를 치며 농악팀을 이끌었다. 나이가 들면서 좋아하는 노래도 달라졌다. 밀양 아리랑과 같은 순박하고 구수한 동부민요를 배우다가 한恨과 애수를 자아내는 서도소리에 끌려 한동안 배뱅이굿을 불렀다. 이순이 지나자 억양이 강하고 표현이 풍부한 남도소리에 점점 끌린다.

소리의 참맛은 시김새에서 우러난다. 흐름을 해치지 않고 부분적으로 음을 달리하여 선율을 맛깔나게 한다. 가성과 진성으로 강약을 조절하고 흔들고 밀면서 음을 농락한다. 잔잔하게 가다가도 폭포수처럼 갑자기 흩날리고 격랑의 물결을 이루다가도 애잔하게 이어간다. 사설에 맞게 사용하면 훨씬 구성지고 흥겨운 소리가 된다. 같은 노래도 소리꾼에 따라 완전히 다른 노래처럼 들리는 것도 시김새 때문이다. 동편제와 서편제로 구분하고 신쾌동류와 한갑득류 등으로 분류하는 것도 같은 맥락이다.

시김새는 단순하지 않다. 흔드는 청의 폭을 조절하고 음을 끌어내리고 올리며 순간적으로 꺾기도 한다. 때로는 빠르게 흔들다가도 원음 앞에 장식음을 넣어 굴리기도 한다. 뻗는가 하면 어느새 거문고 소리처럼 떨고 안정감을 주는가 싶으면 느닷없이 낭떠러지로 떨어진다. 적절한 변화가 긴장을 고조시키고 극적인 분위기 반전을 가져온다. 사설에 맞게 떨고 뻗고 꺾다 보면 자연스럽게 소리가 조화를 이루고 가락도 다양한 형태로 나타난다.

구음口音을 들은 적이 있다. 악기의 특징적인 음을 창하듯 입으로 흉내 내는 소리지만 애절하고 애잔함에 몸이 떨렸다. 모든 것을 다 토해낼 것처럼 밀고 가다가도 갑자기 꺾이는 소리의 울림이 감동의 여운을 남겼다. 가슴속에 줄줄이 맺힌 사연들을 내뱉을 듯이 상청으로 밀어 올리다가도 체념하듯 힘없이 밀려난다. 끊어질 듯 이어지고 멈출 듯 밀고 가는 운율이 계면조와 우조를 넘나들면 가슴속 맺힌 한을 토해내는 것 같았다. 절규를 지나 나지막하게 들리는 소리는 말문 닫은 할아버지의 유언 같았다.

〈진도씻김굿〉을 보러 갔다. 죽은 사람의 영혼을 깨끗이 씻어 극락왕생하게 하고 자손의 복을 비는 굿이다. 멍석에 깔린 희미한 불빛이 밝기를 더해갈 즈음에 코가 오뚝 선 하얀 버선발의 소복 입은 무당이 모습을 드러냈다. 지켜보는 구경꾼들은 자리를 고쳐 앉으며 침을 삼켰다. 정적을 깨는 장구 소리가 격랑의 시나위를 불러오자 무당의 구성진 구음이 접신接神을 시도했다. 절규하듯 토해내는 영혼의 소리가 절정에 달하면 방석에 앉은 악사들도 신들린 듯이 가락을 타고 추임새를 넣으며 굿판을 달구었다. 구경꾼들마저 어깨를 들썩이면 지켜보던 등잔불도 그을음을 마구 흔들어댔다.

판소리 〈심청가〉를 여러 번 보러 갔다. 같은 내용이지만 누가 소리를 하고 북을 치느냐에 따라 느낌이 달랐다. 가장 흥미진진한 부분은 언제나 심봉사 눈뜨는 대목이었다. 딸이 앞에 있는 줄도 모르고 넋두리하듯 자신의 신세를 한탄하는 중모리장단이 장내 분위기를 숙연케 했다. 울부짖듯 탄식하는 상청에 도달하면 관객도 소리꾼도 눈가에 이슬이 맺혔다. 딸을 보려는 심봉사가 눈을 끔적거리는 대목에서는 빠른 자진모리장단만큼이나 긴장감이 흐르고 눈을 번쩍 뜨는 부분에서는 어김없이 추임새와 박수가 터져 나왔다.

한동안 판소리를 유행가처럼 혼자 불렀다. 목청을 돋우며 수도 없이 따라 했지만 진한 맛은 고사하고 소절마다 벽에 부딪혔다. 빛깔은 곱지만 밍밍한 요리처럼 어설프게 겉멋만 부리다 보니 사람들 앞에서 불러보고 싶어도 귀명창이라도 만날까 봐 망설일 때가 많았다. 무엇보다 음을 꾸미는 시김새에서 막혔다. 악보에도 없는 독특한 창법이라 쉽게 접할 수가 없었다. 이순을 훌쩍 넘기고서야 전통 판소리를 전공한 선생님을 찾아갔다.

첫날부터 혼이 났다. 사전에도 없는 용어와 알 수 없는 기법에 기가 눌렸다. 젊은 선생님은 대뜸 무슨 노래를 배우러 왔는지 물었다. 단가를 배우고 싶다고 했더니 의아한 눈빛으로 한참 바라 봤다. 진도아리랑을 불러보라고 했다. 이미 알고 있고 많이 불렀던 노래라 내심 쾌재를 외치며 호기롭게 불렀더니 시작하자마자 중단시켰다. 민요는 그렇게 부르는 것이 아니라며 선창했다. 날 선 목소리로 장구채를 힘껏 내려치면서 그것도 못하느냐는 듯이 다그칠 때는 나도 모르게 등줄기에 식은땀이 주르르 흘러내렸다.

얼굴이 화끈 달아올랐다. 발성부터 창법까지 완전히 달랐다. 가성과 진성을 적재적소에 사용하고 소리의 강약은 물론 떨고 흔드는 법까지 같은 부분이 거의 없었다. 특히 남도소리는 목을 누르면서 힘을 빼고 부르는 계면조가 많았다. 힘찬 우조나 평조는 그나마 좀 나았지만, 계면조의 애원성과 동물이나 자연의 소리가 문제였다. 같은 음이라도 밀고 당기고 꺾고 흔들다 보니 전혀 다른 노래처럼 들렸다.

시김새가 마냥 좋은 것은 아니다. 시도 때도 없이 사용하거나 어정쩡하게 들어가면 노래를 망친다. 음식 맛을 내는 양념처럼 언제 얼마나 사용할 것인가가 중요하다. 먼저 사설의 내용을 완전히 소화하고 극적인 효과를 낼 수 있는 부분을 찾아 주변 음과 조화를 이루어야 시너지 효과를 낼 수 있다. 가슴속에 켜켜이 쌓인 고락의 우수가 소릿결에 묻어날 때 비로소 오래 삭여진 그늘진 시김새가 보인다. 끊임없이 성대를 다듬지 않으면 제맛을 낼 수 없어 입신의 경지에 도달한 명창도 매일 목을 풀고 연습한다.

해를 넘겨 가며 소리를 배운다. 배우기 힘든 남도 잡가는 감정 이입이 빨라 듣는 사람을 편하게 한다. 무엇보다 남도의 소리는 판소리가 으뜸이다. 소리꾼처럼 고수의 반주에 맞춰 일인다역으로 사설을 늘어놓는다. 소리의 늪에 빠졌다가 아니리에서 숨을 쉬고 어설프게 발림 흉내를 내다보면 가끔 추임새가 들려온다. 가락이야 열심히 하다 보면 머잖아 터득하겠지만 모진 풍상에 삭혀지고 닳은 생의 그늘까지 담을 수 있을지는 의문이다. 계단을 내려가다가도 딸꾹질하듯 꺽꺽대고 산책하면서도 소리를 길게 뺀어본다. 어쩌다 범종의 파동이 가슴을 파고드는 날이면 밤잠을 설치기도 한다.

소리는 가슴으로 한다. 청년은 노년의 우수를 모른다는 말이 있다. 나이테 같은 파문이 늘어갈수록 진한 맛을 낸다. 세찬 삭풍과 무더운 여름을 견뎌낸 나무의 연륜이 아름다운 목질을 만들 듯 소리도 세월의 더께가 깊을수록 무늬와 결이 살아난다. 돌처럼 굳어가던 답답한 마음이 풀리기도 전에 밀물처럼 허기가 밀려오면 숨 죽은 묵은지처럼 소리도 변해간다. 지울 수 없는 피멍이 하나둘 늘어 갈수록 시김새도 진한 맛을 낸다.

인생도 크게 다르지 않다. 힘든 고비를 넘긴 삶이 더 소중하고 아름답다. 곧게 자란 나무보다 투박한 껍질의 등 굽은 소나무에 눈길이 오래 머물고, 끝없는 평지보다 크고 작은 산이 늘어선 험준한 능선이 많은 이야기를 만든다. 삶이 급류와 폭포를 지나 호수처럼 잔잔한 강물이 되면 소리의 굴곡도 부드러워진다.

메기고 받는소리에 양념 같은 시김새를 더하니 밋밋한 노래가 비 맞은 풀잎처럼 생기를 되찾는다. 흥얼거리듯 길게 이어지는 탁성 위에 지난날의 무늬가 고스란히 얹힌다.

비가비

무병巫病처럼 다가온다. 누름돌로 눌러보지만 역부족이다. 자신도 몰랐던 숨은 끼가 느닷없이 터져 나오면 어쩔 수가 없다. 사람은 누구나 언제 분출될지도 모르는 휴화산을 하나쯤 가슴에 안고 살아간다. 아무리 누르고 다독여도 응어리가 점점 커지면 두꺼운 거죽을 뚫고 뿜어내고야 만다.

비가비는 양반 출신의 소리꾼이다. 학식을 갖춘 사대부 신분으로 판소리를 공부하고 광대 행세를 하는 한량을 말한다. 천민으로 구성된 유랑 집단의 우두머리를 모갑某甲이라 불렀다. 상민이나 양반은 소리를 잘하고 재주가 뛰어나도 광대의 우두머리가 되지는 못했다. 비가비는 단체의 주류가 될 수 없다는 의미도 내포하고 있는 비갑非甲에서 온 말이다.

당시 관습으로는 쉽게 용납되는 일이 아니었다. 비록 몰락한 양반이라 해도 사회 통념상 천민 신분인 광대의 길로 들어서는 경우는 드물었다. 성리학을 중시하는 유교 국가에서 양반이나 식자들이 광대놀음을 배운다는 것은 일탈의 행동이었다. 무엇보다 체통을 중요시하던 상류계층에서 소리꾼의 길을 택하기는 쉽지 않았다. 반상의 구별이 명확하던 시대라 스스로 천민이 되면 바로 족보에서 이름을 파냈다.

끼를 숨기기는 어렵다. 낭중지추囊中之錐라는 말이 있듯이 제아무리 감추려 해도 언젠가는 드러난다. 차고 넘치는 재능은 누를수록 더 요동치고 뜨거워진다. 기회가 닿아 활화산처럼 분출되면 스스로 감당하기 어렵다. 오래 참고 견딜수록 묵은지처럼 곰삭은 맛을 낸다. 최고의 경지에 도달하려면 천부적 재능과 자신만의 노력을 겸비해야 가능하다. 어떤 소리꾼도 타고난 목청과 피나는 독공의 세월을 보내야 명창의 대열에 들 수가 있다.

지금은 신동의 시대다. 매스컴이 발달하면서 곳곳에서 고개를 내민다. 조금만 재능이 있다 싶으면 온갖 매체가 경쟁적으로 등장시킨다. 맞지도 어울리지도 않는 수식어와 포장으로 겉멋부터 들게 한다. 사설도 제대로 이해하지 못하고 목도 만들지 못한 채로 상품처럼 등장한다. 반드시 거쳐야 하는 수많은 과정과 절차를 생략하고 설익은 과일처럼 시도 때도 없이 선을 보인다. 맹랑하게 보일 뿐 공감을 얻기는 어렵다. 신동은 많아도 같이 울고 웃을 수 있는 명창은 찾아보기 힘든 시대다.

수많은 경연대회가 한몫한다. 소리하는 광대만 그런 것이 아니다. 별의별 대회가 곳곳에서 판을 친다. 삶의 질을 높인다는 명분을 앞세워 자신들의 이익 챙기기에 바쁘다. 여기에 편승한 많은 젊은이가 전문학원과 오디션장을 찾아다니며 일확천금의 기회를 엿본다. 재능도 끼도 없으면서 경연대회마다 부나비처럼 몰려든다. 잠재적인 수요 창출에는 도움이 되겠지만 소리의 질적인 하향을 초래하는 대회가 대부분이다. 평생 공력을 쌓고도 때가 되면 독공의 길을 택하는 진정한 소리꾼은 드물고 설익은 실력으로 수상 이력을 훈장처럼 달고 다니는 사람들만 점점 늘어간다.

지금처럼 광대가 대우받은 적은 드물다. 매스컴의 발달로 날개 단 듯이 훨훨 날고 있다. 화려한 무대 놀음이 젊은이들에게는 선망의 대상이다. 제대로 기회를 잡고 바람을 타면 부와 명예를 단숨에 잡을 수 있고 국내는 물론이고 세계적인 우상이 되는 세상이다. 자본주의 물결을 타고 들어온 상업적인 활동으로 강력한 영향력을 가진 새로운 계층임은 분명하다.

어느 조직에도 비주류 세력이 있다. 주도권을 가지지 못하고 변방을 서성이는 소수파다. 비록 식견이 뛰어나고 실력을 갖추었다 해도 다수가 지배하는 조직의 수장은 되지 못한다. 어떤 주장이나 철학을 내세워도 무시되는 경우가 많다. 그렇다고 물리적인 힘이나 대중들의 이목을 집중시키는 편법을 사용하다가는 파멸을 불러올 수도 있다. 가끔 소수파에서 수장이 나와도 구색갖추기용 바지사장이 대부분이다. 주류 세력을 견제하고 감시하는 역할을 기대하지만 그렇게 되는 경우는 드물다.

광대들의 비주류는 비가비다. 진정한 광대가 될 수 없는 사람들이다. 아무리 재능이 출중해도 양반이 되지 못하는 서얼처럼 소리를 잘해도 갑의 자리는 차지하지 못한다. 실력이 부족해서가 아니라 타고난 신분 때문이다. 천민이 양반 되기도 힘들지만, 양반도 쉽게 광대가 되지는 못했다. 흐르는 끼를 숨기지 못한 상민이나 양반은 단지 그들과 어울릴 뿐이었다. 이들은 대대로 내려오는 광대는 아니지만, 판소리의 사설을 가다듬고 격조를 높이는 데는 크게 공헌했다.

비가비가 판소리를 조선 최고의 예술로 격상시켰다. 무가 서사적인 형태에서 새로운 음악의 장르로 만드는 데는 결정적인 역할을 했다. 구전되어오던 갖가지 소리를 정리하고 다듬어 오늘의 소리로 만들었다. 비속어나 천박한 표현을 아름답고 격조 있는 단어로 바꾸고 자유분방한 곡들을 일정한 형식으로 표준화하여 여러 계층이 공감하고 즐길 수 있도록 했다. 그렇다고 유행가처럼 틀에 가두지 않고 소리꾼의 재능을 살릴 수 있는 더늠의 여지는 남겨 두었다. 어쩌면 이들이 진정한 소리꾼이었는지도 모른다.

이순을 넘기고서야 끼를 찾아간다. 명창이나 소리꾼이 되지 못한다는 것을 알면서도 발을 들여놓았다. 평생 쇠붙이를 연구하고 가르치며 나름대로 공학자로 자리를 잡았지만, 그것은 완전한 내 자리가 아니었다. 조금만 등한해도 파도가 휩쓸고 지나간 모래밭처럼 깨끗하게 지워졌다. 그렇다고 현실에 소홀하면서 두 길을 동시에 갈 수는 없었다.

이제는 가보지 못한 길을 가려고 한다. 지금 가지 않으면 영원히 가지 못할 것 같은 그 길을 조심스럽게 따라간다. 한번 들어서면 쉽게 빠져나오지 못하는 늪인 줄 알면서도 목청을 돋우고 북채를 잡는다. 스스로 가시밭길에 들어선 비가비처럼 주체할 수 없는 끼를 뿜어낸다. 단전에 힘을 모으니 소리가 허공으로 솟구친다.

추임새

추임새 같은 맞장구가 큰 힘이 된다. 훈계나 훈시보다는 조용히 들어주고 가끔 고개만 끄덕거려도 좋다. 장황하게 늘어놓는 말은 격려나 치유보다 상처를 줄 때가 많다. 힘들 때 단점을 찾아내고 가르치기보다는 서로 추어주는 칭찬이 절실하다.

대학생 때 처음 판소리공연을 보았다. 소리꾼은 무대에 나오자마자 진한 전라도 사투리로 추임새를 아느냐고 물었다. 남도소리를 별로 접할 기회가 없었던 관객들은 서로 눈치만 살폈다. 아니리와 창도 제대로 구분할 줄 모를 때라 알 턱이 없었다. 설사 안다 해도 직접 공연을 본 적이 없어 섣불리 알은체할 수도 없었다. 머뭇거리며 아무도 대답하지 않자 판소리를 간단하게 설명하고 추임새 넣는 법을 가르쳐 주었다.

창을 할 때 흥을 돋우는 소리다. 청중의 분위기나 감흥을 자극하여 소리판을 어울리게 하고 창을 잘하도록 도와준다. 소리꾼이 창을 하거나 아니리를 할 때 좋지, 얼씨구, 으이, 아먼, 얼쑤 같은 탄성과 감탄사로 고수가 상대역을 맡는다. 사설에 맞는 짧고 굵은 감탄과 길고 가는 탄식으로 관객들이 소리에 몰입하게 하고, 때로는 북장단을 잠시 멈추고 분위기를 극대화하는 것이 추임새다.

하지만 고수의 전유물은 아니다. 사설 내용과 장단을 정확히 꿰뚫고 있지만, 청중들만큼 소리판의 흥을 돋우지는 못한다. 관객의 추임새는 북 반주만 없을 뿐 고수와 다르지 않다. 소리를 공감하고 느끼는 감정의 표현이라 쉬운 것은 아니다. 먼저 판소리를 이해하고 진정으로 감동해야 한탄과 고함이 터져 나온다. 소리 마당에서는 결코 홀로 명창이 될 수 없다. 그러기에 추임새를 잘 넣는 사람을 귀명창이라 대접해준다.

쥘부채를 든 소리꾼이 자세를 잡는다. 정적을 깨는 북재비의 북 다스름이 소리를 물고 나온다. 고수는 장단을 맞추면서도 소리하는 사람의 입과 발림을 뚫어지게 쳐다본다. 청이 점점 올라가고 장단이 빨라지자 북채를 잡은 어깨는 물론이고 온몸이 들썩거린다. 소리가 무르익자 맺는 마디에 들어가야 할 추임새가 시도 때도 없이 객석에서 터져 나온다.

유명한 소리꾼은 전속 고수를 둔다. 분신처럼 붙어 다니거나 몇 사람을 정해놓고 사설에 맞는 고수를 택하기도 한다. 같은 북재비라도 좋아하는 장단이 있고 고법이 달라 소리의 맛을 다르게 하기 때문이다. 완창으로 유명한 어느 명창은 평생을 한 고수와 전국을 돌며 공연한 것으로 유명하다. 눈빛만 봐도 알 정도가 되면 재담까지 주고받으며 공연장을 들었다 놨다 한다. 북과 소리가 서로 안아주고 놓아주면서 적당히 밀고 당겨야 관객들의 공감을 끌어낼 수가 있다. 그럴 여력이 없는 사람은 자신이 장단을 맞추기도 하고 잠시 고수와 장단을 맞춰보고 무대에 오른다.

얼마 전, 판소리 〈심청가〉 공연을 보러 갔다. 다섯 마당 중 가장 애절하고 슬픈 대목이 많아 골계미가 적다는 평을 듣는다. 사설과 성음은 물론이고 양념 같은 시김새를 조금씩 달리하는 명창의 더늠을 듣고 있으면 완전히 다른 노래로 들린다. 사설과 발림도 좋지만, 노련한 고수의 추임새와 북장단이 관객을 완전히 사로잡는다. 소리가 자리를 잡아가자 객석에서 추임새가 터져 나온다. 공양미 삼백 석에 팔려가는 애절한 계면조에서는 곳곳에서 훌쩍거리더니 휘모리장단처럼 몰아붙이는 빠른 자진모리장단의 눈뜨는 대목에서는 박수갈채가 터져 나왔다.

추임새는 추어준다는 말로 칭찬해준다는 의미가 있다. 칭찬은 고래도 춤추게 한다는 말처럼 꾸중보다는 칭찬이 낫지만 어렵지도 쉽지도 않다. 이유 없이 칭찬하는 것은 자연스럽지 못해 아부하는 것처럼 보이고 지나치면 추하게 보인다. 칭찬은 많이 할수록 좋다고 하지만, 때와 장소에 맞아야 제맛이 난다. 틀에 박힌 말보다는 상대방의 마음을 어루만질 수 있는 진심이 중요하다.

살다 보면 많은 사람을 만난다. 바람처럼 스치고 지나가는 인연 속에 인사만 나누어도 단비 같은 사람이 있고 무슨 말을 해도 반갑지 않은 사람이 있다. 마음이 담기지 않은 겉치레 인사는 지나가는 바람처럼 들릴 뿐이다. 부드러운 농담도 누가 언제 하느냐에 따라 비수처럼 가슴을 찌를 때도 있다. 어렵고 힘들수록 따뜻한 말 한마디가 물먹은 풀잎처럼 생기를 되찾게 해준다. 누군가의 칭찬 한마디에 인생이 바뀐 경우는 허다하다.

대부분 저 잘난 맛에 산다. 어디를 가도 제 주장만 하는 사람이 많다. 서로의 생각을 나누기보다는 무턱대고 무엇이든 가르치려 든다. 상대의 장점보다는 단점을 찾아내 집요하게 파고드는 부류도 있다. 가는 곳마다 자신의 존재감을 과시하려는 사람이 넘쳐난다. 돌아서면 후회할 줄 알면서도 쉽게 고치지 못한다. 세상인심이 흉흉하고 살기 힘들면 가까이 있는 사람도 믿지 못할 때가 많다.

서로 격려하고 칭찬하는 추임새가 필요할 때다. 칭찬을 많이 하다 보면 자신이 가장 즐겁고 신명 난다.

칭찬은 내용만큼 시기가 중요하다. 때를 놓치면 버스 지나가고 손 흔드는 격이 된다. 말이 너무 앞서거나 뒤서면 하지 않음만 못하고 억지로 만들거나 지나치면 상대를 불편하게 한다. 상대의 아픈 곳이나 고민거리를 잘 파악하고 정확한 어휘를 사용해야 한다. 치료한답시고 섣불리 손대면 상처가 덧나듯이 적당히 숙성 되었을 때가 가장 좋다. 추임새가 반드시 소리를 살리고 흥을 돋우는 것은 아니다. 소리의 맥을 잘못 짚으면 소리를 방해하고 판을 망치기도 한다. 칭찬도 마찬가지다.

모두가 힘든 시기이다. 생각지도 못한 역경과 고난이 삶의 깊숙한 부분까지 파고든다. 삶이 복잡하고 인심이 팍팍할수록 기를 돋워주는 추임새가 필요하다.

귀명창

'귀명창名唱이 명창을 만든다'는 말이 있다. 노래를 감상하는 능력이 특출한 사람을 귀명창이라고 한다. 단순한 애호가 정도를 넘어 해박한 지식을 바탕으로 소리의 부족한 부분을 지적하고 평가하기도 한다. 상당한 수준의 식견을 갖추고 있어 언제나 무대를 긴장시킨다.

그는 창자唱者와 고수의 진가를 단숨에 파악할 정도로 조예가 깊다. 비록 소리꾼은 아니지만 한 소절만 들어도 실력을 판단하고, 한 대목이 끝나면 자리를 뜰 것인가 말 것인가를 결정할 정도다. 별도로 공부하지 않아도 일상생활처럼 늘 듣다 보니 몸이 먼저 반응하는 것이다. 어설픈 소리로 무대에 섰다가는 추임새는 고사하고 호된 질책을 감수해야 한다.

소리판에만 명창과 귀명창이 있는 것이 아니다. 친구들의 모임은 물론이고 크고 작은 대회나 집회에서도 쉽게 볼 수가 있다. 사람이 모이는 곳이면 누군가는 말을 하고 다른 누군가는 듣고 판단한다. 말이 없다고 생각마저 없겠는가. 단지 표현하느냐 마느냐의 차이가 있을 뿐이다. 조용히 듣고 있다가 말을 이어받으면 순식간에 역할이 바뀐다. 일상에서도 이런 장면은 끊임없이 반복된다.

무대의 배역은 늘 변한다. 작품이 바뀌면 역할도 달라진다. 한번 주인공을 했다고 언제나 주역일 수는 없다. 최고의 소리꾼이기만을 고집하는 사람도 있다. 한번 올라가면 그곳이 영원한 자리인 줄 알고 내려올 줄을 모른다. 내려와도 화려한 조명과 박수 소리에서 헤어나지 못하는 사람도 있다. 영원한 명창이 없듯이 평생 모든 것을 움켜쥐고 살 수는 없다. 현실을 모르는 사람과는 어떠한 소통도 쉽지 않다.

명창은 아무나 되지 않는다. 심산유곡을 찾아다니며 피를 토하고 목을 단련했다고 되는 것이 아니다. 무엇보다 쓴소리를 잘 받아들여야 한다. 청중을 무시하면 누가 소리를 들어 줄 것인가. 아무리 험난한 독공의 세월을 보내도 관객이 인정하지 않으면 아무 소용이 없다. 조언과 충고를 아끼지 않는 귀명창과 끊임없이 소통하고 부족한 점을 메꿔나가야 최고의 경지에 오를 수 있다. 그래야 자신만의 더늠도 만들어진다.

날이 갈수록 독불장군이 늘어난다. 누구의 말도 듣지 않고 자신이 명창이라고 생각한다. 관객을 배려하지 않고 무조건 목청만 돋운다. 언제쯤 모두가 공감할 수 있는 시원한 목소리를 들을 수 있을지. 여러 가지로 가슴이 답답하다.

소리꾼의 길

몇 달째 답보 상태다. 아무리 단전에 힘을 줘도 소리가 되지 않는다. 개미 쳇바퀴 돌 듯 같은 장단을 반복하다 보니 스승도 학생도 지쳐간다. 몇 발짝 들어가니 한 소절도 제대로 배우지 못하고 돌아서는 날이 늘어난다. 벽에 부딪힐 때마다 입구는 있어도 출구는 없다는 어느 소리꾼의 말을 실감한다.

광대는 직업적인 예능인이다. 한번 발을 들여놓으면 늪처럼 빠져든다. 우연히 발을 들였다가 평생 굴레를 벗지 못하기도 한다. 꿈에 부풀어 시작하지만, 예인의 경지에 도달하지 못하고 중도 하차하는 경우가 많다. 누군가가 부추기는 말에 고무되어 어설프게 들어섰다가는 의식주도 해결하지 못하고 가족들까지 힘들게 한다. 끼도 재능도 없으면서 화려한 무대에 심취되어 멀고도 험한 이 길을 선택하면 진정한 광대가 되지 못한다. 간혹 설익은 실력으로 성급하게 무대에 섰다가 관객의 무반응에 바로 접기도 한다.

소리 선생님을 만난 지도 수년이 지났다. 첫 만남은 판소리 다섯 마당을 단독 공연하는 국립국악원이었다. 어둠이 객석을 채우자 장막이 천천히 올라갔다. 천장에서 빛이 떨어지니 샛노란 저고리에 붉은 치마의 단정한 소리꾼과 도포에 갓을 쓴 고수가 모습을 드러냈다. 정적을 깨는 장구가 가야금 연주와 아니리를 불러왔다. 〈춘향가〉 눈대목인 '사랑가'의 가야금 병창이 끝나자 북소리를 타고 〈적벽가〉의 '새타령'이 구슬프게 이어졌다. 애절한 가락이 나올 때마다 객석에서 추임새가 터졌다. 〈수궁가〉의 '토끼 배 가르는 대목'은 해학적인 사설에 걸맞게 박진감 있게 진행되었고 〈흥보가〉의 '제비노정기'는 가야금 병창으로 마무리되었다. 화려한 경력보다 수리성을 갖췄다는 사회자의 말이 〈심청가〉의 '심봉사 눈뜨는 대목'에 집중하게 했다.

공연이 끝나자마자 무대 뒤로 갔다. 고수를 만나 소리꾼을 만나고 싶다고 했더니 전화번호를 알려주었다. 유려하고 재치 있게 무대를 이끌었던 사회자를 만나 공연에 관한 이야기를 하다 보니 하루라도 빨리 배우고 싶었다. 다음날 출근하자마자 바로 전화했다. 판소리를 배우고 싶다고 하자 사무실로 찾아오는 방법과 날짜를 정해 줬다. 얼떨결에 덜렁 약속부터 하고 나니 약간의 두려움과 기대감이 교차했다. 괜히 문제를 만들고 있다는 생각이 들어도 지금 하지 않으면 평생 후회할 것 같아 무조건 찾아가기로 마음먹었다.

한恨의 소리는 만만치가 않았다. 평소에 민요를 좋아해 자신 있게 시작했지만, 쉬운 노래는 하나도 없었다. 장단을 맞추는 것은 물론이고 가성 하나 내는 데도 몇 날 며칠이 걸렸다. 누구나 쉽게 따라 부르는 진도아리랑도 그냥 하는 것이 아니었다. 굵은 목과 가는 목으로 흔들고 뻗고 꺾는 시김새는 제대로 흉내 낼 수가 없었다. 조금만 많이 떨면 발바리 목이라며 절대 내지 말라 하고 사설의 내용에 맞게 표현하라고 몇 번이나 강조했다. 민요 몇 곡으로 몇 달을 보냈다. 가끔은 목청이 제대로 나오지도 않고 시김새도 잘 만들어지지 않았다. 엉뚱한 목청이 반복되고 한 장단도 소화하지 못하는 날은 사서 고생한다는 생각이 들었다.

남원 동편제 성지를 방문한 적이 있다. 한적한 시골이라 방문객이 거의 없었다. 조심스럽게 건물 안으로 들어서니 갖가지 풍물과 악기들이 전시되어 있고 동편제의 계보가 벽면을 장식하고 있었다. 조선 최고의 명창이며 동편제의 창시자인 송흥록은 아들과 손자 증손자인 송만갑에 이르기까지 소리의 업을 이어가게 했다. 타고난 재능과 철저한 조기교육으로 명성을 얻은 송만갑은 구성진 서편제의 장점을 동편제에 접목하여 관객들을 열광시켰지만, 가문과 동료들로부터 심한 비판을 받았다. 하지만 누구도 흉내 낼 수 없는 송만갑의 바디가 그때 만들어졌다. 지금도 대대로 업으로 삼는 집안이 더러 있다. 세습 무당집에서 태어나 정형화된 진도 씻김굿을 아들딸에게 전수한 사람도 있고, 좋은 직장 다 버리고 광대의 길을 걷는 형제도 있다.

소리의 길은 무병처럼 다가온다. 한번 가슴을 파고들면 마음대로 내칠 수가 없다. 달아나려고 하면 더욱 처절하게 다가온다. 종착지가 어딘지도 모르고 무작정 떠난다. 언제 어디서 깨달음을 얻을지도 모르면서 화두 하나에 매달리는 구도자의 길을 걸어간다. 득음하겠다고 성급하게 덤벼들었다가 떡목이 되면 광대의 길을 접어야 하고, 조급증을 참지 못하고 섣불리 무대에 섰다가는 명창이 되지 못하고 또랑광대에 머물러야 한다. 세습 광대들이 도중에 그만두고 다른 길을 택하는 것도 그 때문이다. 한을 소리로 승화시키는 소리꾼이 되면 제대로 먹고 입지 못해도 무대를 떠나지 못한다. 빛 좋은 개살구라는 것을 알면서도 굴레를 벗을 수가 없다.

소리꾼의 삶이 순탄치만은 않다. 우선 오랫동안 수련을 해야 한다는 것이다. 좋은 스승을 만나기도 어렵지만, 설사 만나서 사사해도 재능과 열성이 없으면 공력이 쌓이지 않는다. 유년 시절에 시작해도 기회가 닿지 않아 빛을 보지 못하는 경우가 허다하다. 타고난 끼를 주체할 수 없어 시작한 소리가 신동의 반열에 들어도 시간이 지나면 유성처럼 빛을 잃고 만다. 용이 되지 못한 이무기처럼 비록 명창의 꿈은 저버린 지 오래지만, 무대만 보면 신들린 듯 생기가 난다.

소리꾼은 사설에 따라 일인다역을 수행한다. 때로는 부자가 되어 빠르고 신나는 가락으로 나가다가도 가사가 바뀌면 바로 마당쇠가 되어 신세 한탄의 소리를 토해낸다. 관객이 광대의 연기에 열광하고 눈물짓는 것도 공감하기 때문이다. 역할에 공감하지 않으면 공연이 끝나기도 전에 관객들은 자리를 뜨고 만다. 돌아보면 마디처럼 이어지는 모든 삶이 주어진 배역을 열심히 소화하는 배우와 다르지 않다. 그러고 보니 광대 아닌 사람은 없다. 날마다 자신만의 배역에 충실하며 살아간다. 삶이 그렇듯이 늘 좋은 역할만 하기는 어렵다. 오늘 행복하다고 내일도 같은 날이 되지는 않는다. 인간이 마음대로 선택하거나 거부할 수 있는 영역이 아니다.

정상은 기대하지도 않는다. 화려한 무대가 기다리지 않는다는 것도 잘 안다. 하지만 관성 때문에 멈출 수가 없다. 시간이 지날수록 조급해하지 않고 돌다리를 두드리는 심정으로 한 장단씩 배우려고 한다. 어렵사리 판소리 한 대목을 끝내자 어둡고 긴 터널을 겨우 몇 걸음 지나온 기분이다. 언제쯤 출구의 빛을 볼 수 있을는지.

다시래기

*상가*喪家*에 풍장이 울린다.* 가족들의 피맺힌 통곡이 신명난 풍물 소리로 변한다. 잡귀를 몰아내듯 요란하던 장단이 잦아들자 목청 좋은 사람이 〈육자배기〉 한가락을 구성지게 부르고 구경꾼들이 자연스럽게 소리를 받는다. 애절한 진양조장단이 흥겨운 자진모리장단으로 이어지자 춤과 설장고 등 볼거리가 등장한다. 점점 빨라지는 가락에 주변이 정리되면 상갓집의 슬픔도 옅어진다.

한바탕 마당놀이가 벌어진다. 동네 사람들이 상주와 유족들을 위로하는 작은 공연이다. 망자의 삶을 슬퍼하는 계면의 넋두리가 가슴을 파고들면 침통하고 엄숙하던 상가는 놀이판으로 변한다.

정해진 소리꾼이나 노래도 없지만 누가 먼저랄 것도 없이 메기고 받는소리에 젖어 든다. 식음을 전폐하고 슬픔에 빠져 있던 상주도 멀리서 관객의 눈으로 지켜본다. 장단이 열기를 더해가자 무겁게 짓누르던 기운이 조금씩 걷힌다.

진도 다시래기는 중요무형문화재 제81호다. 출상出喪 전날 밤, 곳곳에 등불이 걸리면 조문객과 마을 사람들이 마당으로 모여 든다. 누군가가 울리는 풍악과 한바탕 소리판이 벌어지면 초상집도 생기를 되찾는다. 옥황상제의 심부름꾼인 저승사자가 허둥대는 사자使者놀이와 재치가 묻어나는 재담과 익살스러운 꼽추춤의 상제喪制놀이가 웃음바다로 만들고 눈먼 봉사와 중이 등장하는 봉사놀이가 세태를 풍자하는 단막극처럼 이어진다. 한껏 분위기가 달아오르면 상두꾼들이 호흡을 맞추는 상여놀이가 마지막으로 등장한다. 빈 상여를 메고 호흡만 맞추는 다른 지역의 놀이와는 확연히 다르다.

호상好喪일 때만 가능하다. 망자가 아니라 산자의 놀이라 아무 때나 하는 것은 아니다. 부모보다 젊은 자식이 먼저 죽은 악상惡喪에서는 노래와 희극을 할 수가 없다. 별다른 볼거리가 없던 시절, 굿판만큼이나 다시래기판에도 많은 사람이 모여들었다. 심신이 허약해진 상주를 위한 놀이지만 구경꾼의 가슴에 맺힌 멍울과 한을 삭이는 공연이기도 했다. 재담과 연기는 물론이고 탄탄한 구성이 잠시도 틈을 주지 않고 이어진다. 다소 어설픈 연기에 진한 사투리가 난무하고 별다른 복장이나 무대가 없어도 모두가 동참하는 축제 분위기가 된다. 침울한 초상집의 분위기를 털어 내는 다시래기는 모두가 배우고 관객이다. 희극이 끝나면 순번을 정한 상두꾼들이 빈 상여를 메고 〈만가〉를 부른다.

구슬픈 상엿소리가 돌아가신 할머니를 불러온다. 아침부터 거친 숨을 몰아쉬었다. 거슴츠레 뜨고 있던 눈동자가 초점을 잃자 핏기 잃은 얇은 눈꺼풀이 내려오다 힘없이 멈추었다. 조심스럽게 이마를 짚어보던 아버지가 떨리는 손으로 가볍게 눈꺼풀을 쓸어내리자 퀭하던 눈이 힘겹게 감겼다. 반쯤 떠 있는 눈을 억지로 감기자 심장에서 멀리 떨어진 수족부터 하얗게 식어갔다. 초조하게 지켜보던 유족들이 일제히 오열을 터뜨렸다. 허공을 향하던 가족들의 애절한 부름이 하늘에 닿기도 전에 호곡 소리가 봇물 터지듯 쏟아졌다.

할머니는 한겨울에 세상을 떠났다. 가장 춥다는 소한을 지나 입춘을 바라보는 대한을 며칠 앞두고 영원히 올 수 없는 길로 들어섰다. 수십 년 만에 가장 춥다는 그해 겨울은 동장군이 물러갈 기미가 보이지 않았다. 단단하게 얼어붙은 강물이 빙판의 두께를 늘리고 맹수의 이빨 같은 하얀 고드름이 우후죽순처럼 자라났다. 삼라만상이 죽은 듯이 움츠러들고 하늘마저 얼어붙은 겨울날 다시는 올 수 없는 먼 길을 나섰다.

사람들은 호상이라고 입을 모았다. 망구望九를 훨씬 넘길 때까지 큰 지병 없이 천수를 누렸다. 기골이 장대하고 천성이 부지런한 할아버지를 만나 삼남이녀를 두었고 자식이 태어날 때마다 논밭도 불어났다. 중농을 넘어 상머슴과 꼴머슴을 데려야 할 정도까지 거침없이 상승기류를 탔다. 호사다마라고 했던가. 전쟁이 발발하자 서울에서 대학을 다니던 아버지는 고향으로 돌아왔고 큰삼촌은 전쟁터에서 입은 총상 때문인지 폭음만 하면 다른 사람이 되었다. 모두가 제자리를 잃고 허둥댈 때 막내 고모는 스물세 살 꽃다운 나이에 가족 곁을 떠났다.

악상이었다. 누구도 곡소리를 낼 수가 없었다. 딸을 떠나보낸 할머니도 잠시 목놓아 울다가 이내 울음을 삼켰다. 여동생을 잃은 아버지와 삼촌들도 벌건 눈으로 할아버지의 지시에 따라 움직였다. 아이들은 작은 방에 모아 놓고 문도 열지 못하게 했다. 짓누르는 엄숙한 분위기에 숨도 크게 쉴 수가 없었다. 작은 콧김에도 그을음을 흐느적거리던 호롱불도 그날은 미동도 없었다. 날이 어둡기가 무섭게 일사천리로 진행된 장례식에는 영여도 상여도 없고 만장도 명정도 없었다. 어둠을 밝히는 등불이 걸리지 않아도 창호지에는 부산한 움직임이 실루엣으로 아른거렸고 장정들의 힘쓰는 소리도 이명처럼 다가왔다.

가세만큼이나 할머니 등도 휘어졌다. 날이 갈수록 솟아오른 등뼈가 산맥처럼 드러났다. 사진 한 장 걸려있지 않은 벽면을 바라보거나 염주를 굴리며 빈집을 지켰다. 업장의 소멸을 바라는지 먼저 간 딸의 극락왕생을 기원하는지 침묵의 기도는 날마다 이어졌다. 가끔 멋모르고 들어온 바람이 문풍지를 울리며 열어젖힐 듯 방문을 덜컹거리면 작은 유리를 통해 밖을 내다봤다. 스무 해가 넘도록 성주처럼 집을 지키던 할머니는 술의 유혹을 떨치지 못하고 방황하던 큰삼촌을 앞세우고 한 많은 세상을 하직했다.

상가는 할머니 성품만큼이나 조용했다. 호읍號泣은 잠시였고 녹음기가 쏟아내는 묵직한 염불 소리만 집안을 가득 채웠다. 방에도 마당에도 빈소를 찾는 일가친척과 조문객들로 가득 찼다. 멀리서 온 손님들은 앞집과 윗집으로 안내했다. 백관이 많아도 한꺼번에 몰려드는 문상객을 감당하기는 힘들 정도였다. 밤이 이슥해도 화투판을 벌이거나 요란하게 술을 마시고 떠드는 장면은 찾아볼 수가 없었다. 가끔 출상을 준비하는 이야기만 들릴 뿐 요란스러운 장면은 어디에도 없었다. 극락왕생을 염원하는 천수경과 금강경만 삼라만상이 잠든 야삼경을 지나 새벽까지 다시래기처럼 이어졌다.

사람들은 내세사상을 믿는다. 이승에서 좋은 업을 만들어 이루지 못한 행복을 저승에서 구하려 한다. 아무리 가난해도 최선을 다해 딸을 시집보내듯 수의를 입히고 꽃상여를 태워 망자를 떠나보낸다. 번뇌와 고통의 고리를 끊고 저승에서 영생하기를 바라며 풍악과 노래로 전송한다. 어떤 삶도 한바탕 다시래기로 끝나는 줄 알면서도 날마다 탐욕의 늪에서 아등바등 타울거린다.

제 2 장

시나위

영혼의 소리 <만가輓歌>

강물을 만나자 갑자기 멈춰 선다. 누런 삼베 두건을 쓴 백관들이 일제히 나서보지만 요지부동이다. 이미 강을 건넌 만장과 영여가 뒤따라오던 상여를 물끄러미 바라본다. 하관 시간에 쫓긴 상주와 백관들이 황급히 새끼줄을 비틀며 꼬깃꼬깃 접은 노잣돈을 차례로 꽂는다. 허공을 맴돌던 구슬픈 〈만가輓歌〉가 앞장을 서자 꽃상여도 천천히 강을 건넌다.

그날은 군복을 입고 상례에 참여했다. 할아버지는 팔순을 얼마 남기지 않고 돌아가셨다. 회갑을 넘겨도 칠순은 쉽게 넘기기가 힘든 시절이라 친척들은 천수를 누린 호상이라고 했다. 의료시설이 변변치 못한 시골이라 노인들은 한번 아파 누우면 그길로 못 일어나는 경우가 많았다. 평생 병원이 뭐 하는 곳인지도 모를 정도로 강골이었지만 세월의 물결은 피하지 못했다. 군 복무 중 특별 외박을 나온 손자의 손을 마지막으로 잡던 날 수년간 보전하던 자리마저 내놓으셨다.

목관이 상여 틀에 올랐다. 동이 트기도 전에 옥좌에 올려놓고 굵은 천으로 관을 고정했다. 가끔 신음 소리를 내는 인부들의 얼굴에 맺힌 땀방울이 목곽 위에 떨어졌다. 미리 준비된 오색 종이로 만든 화려한 장식물이 관을 덮자 어디선가 흐느끼는 소리가 새 나왔다. 육개장 국밥을 든든하게 먹은 상두꾼들이 자리를 잡는다. 한쪽에 여섯 명씩 열두 명이 동아줄 같은 광목천을 어깨에 걸치고 동시에 일어선다. 양쪽 끝에만 고정된 흰 천이 상두꾼들의 어깨에 자리 잡도록 힘 고르기를 한다. 줄을 당기고 미느라 곳곳에서 고함을 지른다. 출발 준비가 끝났다. 명정과 만장을 든 아이들은 누가 시키지 않아도 알아서 대열에 합류했다. 가끔 있는 장렬이지만 익숙한 듯 정확히 자신의 자리를 찾아갔다.

〈만가〉는 죽은 사람을 애도하는 구전口傳 민요이다. 주로 상여를 메고 갈 때나 주검을 매장하고 흙을 다질 때 부르는 들소리 중의 하나이다. 대부분 중모리장단이나 중중모리장단이지만, 딱히 정해진 가락이 없어 느린 진양조장단이나 빠른 휘모리장단도 가끔 등장한다. 다양한 가사와 장단만큼이나 상엿소리, 행상소리,

향두가 등 여러 가지로 불린다. 죽은 사람의 명복을 빌고 산 사람의 복을 기원하는 가사에는 이별의 슬픔과 영원한 삶에 대한 소망도 담겨 있다.

장례 행렬이 갖춰지고 구슬픈 상엿소리가 시작되자 상여가 천천히 움직인다. 다시 올 수 없는 길을 떠나는 망자는 쉽게 떠나지 못하고 한동안 서성댄다. 앞소리와 뒷소리가 서서히 마당을 채우자 곳곳에서 흐느끼는 소리가 들린다. 부엌에서 일하던 아주머니들과 안방을 지키던 집안 어른들이 떠나는 장면을 보겠다며 마당으로 나온다. 철없이 뛰어놀다 상엿소리에 놀란 아이들은 눈치를 살피다 잽싸게 엄마 치마폭에 몸을 숨긴다. 사립문을 나서는 행상을 붙잡고 늘어지는 상주들의 곡소리가 절정을 이루자 울음소리는 봇물 터지듯 급물살을 이루었다.

여럿이 메고 가는 상여는 호흡을 잘 맞춰야 한다. 한 사람이라도 마음이 흐트러지거나 돌출된 행동을 하면 균형을 잡지 못하고 크게 흔들린다. 발만 잘 맞추면 누군가가 나무뿌리나 돌부리에 걸려 순간적으로 비틀거려도 바로 중심을 잡는다. 어쩌다 기울어지거나 균형을 잡지 못하면 백관들이 달려가 온몸으로 바로 세운다. 주검이 안정된 자세를 유지하려면 앞소리꾼의 메김소리에 따라 속도와 보폭을 잘 맞춰야 한다. 사설과 장단으로 대열의 완급을 조절하는 선소리꾼은 단순한 소리꾼이 아니었다.

상여는 상엿소리를 따라간다. 앞소리꾼이 요령을 흔들며 '간다 간다 나는 간다 북망산천 나는 간다.' 하고 앞소리를 메기면, 상두꾼들이 '어허이 어허이 어화넘차 어허이' 같은 뒷소리를 받는다. 같은 가사라도 때로는 느린 진양조장단이 되었다가 빠른 자진모리장단이 되고 힘찬 동편제나 애절한 서편제 가락이 되기도 한다. 만가는 서양의 장송곡처럼 진중하고 장중하지도 않고 진혼곡같이 애절하고 구슬프지도 않다. 자유로운 가락으로 슬픔에 빠진 상주를 위로하고 백관들의 마음을 추슬러주는 노래라 가볍거나 무겁지 않다.

평생 드나들던 대문을 나서자 소리가 조금씩 빨라졌다. 골목길로 나서자 능소화처럼 담을 넘어온 애도의 눈길이 고샅길을 빠져나올 때까지 따라왔다. 애절한 메김소리가 울려 퍼질 때마다 가다 서기를 거듭하던 상여가 마을 어귀에서 잠시 멈췄다. 마지막 하직 인사인 노제路祭가 끝나자 움직임이 달라졌다. 명정을 앞세운 만장 대열이 파도처럼 넘실대는 청보리를 헤쳐 나가자 영여를 앞세운 선단처럼 줄지어 따라갔다. 봄바람에 일렁이는 보리밭이 끝났을 때는 어느새 상엿소리가 빠른 응원가처럼 힘찬 소리로 변해 있었다.

선소리꾼은 아무나 될 수가 없다. 노래만 잘한다고 맡기지는 않는다. 성량이 풍부하고 노래도 구성지게 잘해야 하지만 전체를 끌고 가는 통솔 능력이 있어야 한다. 마치 전쟁을 치르는 장수같이 모든 상황을 빈틈없이 고려하고 대처해야 무사히 장지에 도착한다. 대열을 빠르게 움직이면 경망스러워 보이고 그렇다고 머뭇거리다 보면 모두가 힘들어진다. 너무 힘들다 싶으면 잠시 내려놓고 쉬게 하기도 하지만 급경사를 만나면 키가 작은 사람을 앞으로 배치하고 내리막이 나타나면 반대로 자리를 정해준다. 앞소리꾼은 지형지물의 특성에 대해서도 훤히 꿰뚫고 있어야 했다.

강물을 만나자 상여가 머뭇거린다. 잰걸음으로 가다가 갑자기 멈추더니 제자리걸음을 반복한다. 빠른 장단의 노래도 다시 느려진다. 이승과 저승을 가르는 요단강을 만난 듯이 한번 건너가면 다시는 올 수 없다며 노잣돈을 요구한다. 상제와 백관들이 몇 번이나 돈을 걸어도 꿈쩍도 하지 않는다. 하관 시간에 다급해진 상주는 선소리꾼과 타협한다. 온갖 핑계를 대며 몽니를 부리지만 별다른 대안이 없어 일방적으로 다 들어준다. 늘어진 새끼줄에 촘촘하게 매달린 지폐가 티베트의 사원이나 산 정상에서 나부끼는 오색 경전 타르쵸처럼 바람이 불 때마다 펄럭인다.

상두꾼들은 힘들수록 빠른 장단으로 몰고 간다. 가파른 언덕을 만나자 소리의 가락이 골목길이나 강을 건널 때와는 확실히 다르다. 이제는 누구도 투정하듯 멈칫거리지 않는다. 가속도가

죽으면 어찌 되는지 너무나 잘 안다. 빠른 장단이 비바람 몰아치듯 대열을 세차게 밀어 올린다. 때로는 미끄러져 신발이 벗겨지고 나뭇가지가 얼굴을 긁어도 앞사람의 발만 보면서 정신없이 올라간다. 좌우를 살필 겨를이 없는 상여꾼들은 오직 숨 가쁘게 이어지는 받는소리만을 반복한다. 소용돌이치며 급물살을 이루던 물줄기가 안정을 되찾으면 어느새 소리는 다시 제자리로 돌아와 있었다.

〈만가〉는 죽은 사람만을 위한 노래가 아니다. 슬픔에 잠긴 상주와 가족은 물론이고 조문객들의 마음까지도 위로한다. 망자가 이승에서 맺힌 한을 풀고 저승에서는 편히 살기를 바라는 사설이지만 남은 사람들의 가슴에 맺힌 한을 덜어내는 역할도 한다. 소리가 끝나도 사람들은 개똥밭에 굴러도 이승이 좋다거나 산 사람은 어떻게 해서라도 산다는 말을 구시렁거리며 자신을 위로한다. 세월이 길수록 망자가 아닌 산자의 마음을 치유하는 노래로 들릴 때가 많다.

산역이 끝나자 장식들을 불태운다. 몸채를 장식하던 오방색 연꽃과 극락조가 불꽃이 되어 허공으로 날아간다. 할아버지의 영혼도 붉은 노을을 따라 먼 산을 넘는다.

시나위

금세 물살을 탄다. 악보도 지휘자도 없는 합주의 물결에 휩쓸린다. 강물처럼 고요하던 장단이 점차 격렬해지면 가던 발걸음을 멈추고 가락을 듣는다. 계곡에서 흘러든 지류가 물보라를 일으키며 세를 불리듯 갖가지 풀벌레 소리가 한곳으로 모여든다.

가을 풀벌레의 시나위를 듣는다. 서늘한 강변에는 저녁마다 연주회가 열린다. 넓은 공연장이나 무대도 없고 시작을 알리는 장구나 악공도 없지만 해만 지면 어김없이 시작된다. 붉은 노을마저 서산을 넘고 산자락 어둠이 강물에 잠기면 관객이 있든 없든 공연이 막을 올린다. 가로등 불빛이 어슴푸레 길을 밝히자 일제히 토해내는 풀벌레 소리가 물살을 이룬다. 무더운 여름 내내 쌓아두었던 내공을 거침없이 쏟아내면 달빛에 번쩍이던 강물도 물비늘을 잠시 내린다.

우연찮게 시나위 공연장에 간 적이 있다. 객석이 많지도 않은 작은 국악 공연장이었다. 마당극 공연장처럼 무대가 가까워 숨소리까지 들릴 것 같았다. 막이 오르고 조명이 밝아지자 한복을 곱게 차려입은 악사들이 나타났다. 오랜 연륜을 쌓은 데서 나오는 여유로운 모습이 단번에 관객의 눈길을 사로잡았다. 세속을 벗어난 듯 무표정한 얼굴에는 어떤 빈틈도 보이지 않았다. 호흡을 가다듬는지 석상처럼 움직임이 없었다. 순간 장구재비가 정적을 깨고 가볍게 추임새를 넣자 기다렸다는 듯이 일제히 가락을 연주했다.

단번에 급물살을 탔다. 거대한 파도가 순식간에 객석을 휩쓸고 지나갔다. 지휘자나 별도의 신호가 없어도 폭풍은 이내 잔물결이 되어 잔잔하게 밀려왔다. 연미복의 지휘자와 검은 단복의 연주자로 구성된 대규모 관현악단과는 분위기부터가 달랐다. 연주자는 얼마 되지 않아도 일제히 터져 나오는 악기 소리만큼은 어떤 악단보다 우렁찼다. 아쟁과 해금의 끊어질 듯 이어지는 곡조는 애잔하게 흐르는 대금과 피리가 받아주고 지겨울 겨를도 없이 가야금과 거문고가 방향을 틀었다. 신나게 한 순배 돌고 나면 어느새 한데 모여 다시 큰 물줄기를 이루었다. 시나위의 선율은 블랙홀처럼 청중의 숨소리마저 빨아들였다.

시나위 가락은 무속 음악이다. 여러 설이 있지만, 굿판에서 즉흥적으로 연주하는 합주 형식이다. 선율은 신악神樂과 무악巫樂의 특징인 무정형 악장이며 기본음을 통일시켜 불협화음이 조화를 이룬다. 무가의 선율인 살풀이장단은 물론이고 진양조장단에서 자진모리장단까지 연주한다. 장단이 다양해지자 악기편성도 향피리 · 젓대 · 해금 · 장구 · 징 등에서 거문고나 가야금, 아쟁 같은 현악기까지 점차 범위가 확대되고 있다.

지정된 지휘자나 소리꾼이 없다. 장구가 첫 박을 두드리면 일제히 소리를 내기 시작한다. 정해진 장단이나 곡조가 없어 악기마다 신나게 두드리고 뜯고 불기를 반복한다. 한바탕 놀았다 싶으면 장구의 신호에 따라 합주가 아닌 악기별 산조가 시작된다. 먼저 거문고가 가락을 타면 대금이 받아주고 연이어 아쟁이 받는가 싶으면 전체가 다시 어울린다. 힘차게 흐르는 격류도 소를 만나면 잠시 쉬듯 악공들은 자신의 순서를 기다리며 기를 모은다. 굵고 묵직한 음으로 가슴을 울리는 거문고 소리를 듣다 보면 맑은 가야금 소리에 젖어 들고 기다렸다는 듯이 구슬픈 피리 소리가 추임새를 타고 들어온다. 징과 장구 소리는 끊임없이 늘어지는 현악기나 관악기의 가락에 윤기와 탄력을 더해 관객들이 지루할 틈을 주지 않는다.

시나위에도 불문율이 있다. 서로 말하지 않아도 한 악기가 낮은 소리를 내면 다음 악기는 평성과 상성으로 이어간다. 평조의 합주가 지루해지기도 전에 슬프고 애잔한 계면조 소리로 분위기를 반전시킨다. 고수들이라 차례를 미리 정하거나 의논하지 않고 악사들이 서로 눈을 맞추지 않아도 들어가고 나오는 시점을 정확히 알고 있다. 이음매 없이 자연스럽게 이어지다 보니 관객들은 전혀 눈치채지 못한다. 모든 연주자는 거침없이 나아가는 배에다 몸을 싣고 시나위의 파장에 혼을 싣는다.

딱히 정해진 악기도 없다. 사물놀이처럼 곡이나 역할이 확실하거나 요란하지도 않다. 거문고나 가야금이 없어도 되고 아쟁이 없으면 해금으로 대신해도 아무 문제가 없다. 한 사람이 여러 악기를 번갈아 가면서 연주하기도 하고 여러 사람이 돌아가면서 연주해도 어색하지 않다. 서슴없이 서로의 영역을 마음대로 넘나드는 것 같지만 모두가 합주의 물결에 맞는 자신의 소리를 낸다.

유년 시절 할머니를 따라 굿판에 갔다. 굿을 한다는 소문만 들려도 온 마을이 술렁거릴 때였다. 농사만 짓는 농촌에는 마땅한 구경거리가 별로 없던 시절이었다. 왜 굿을 하는지보다는 어떤 무당이 오는지가 더 큰 관심사였다. 날이 잡히면 알려주는 사람이 없어도 삽시간에 마을 전체로 퍼져나갔다. 해가 서산에 걸리기도 전에 옆 동네는 물론이고 재 넘어 산골 마을에서도 구경꾼들이 찾아들었다. 굿하는 집 담장에 세워진 대나무에 매달린 오방색

천 조각이 바람에 펄럭이며 구경꾼들을 불러 모았다.

매굿과는 달랐다. 매년 정초에 풍물패가 악귀를 쫓고 복을 비는 굿이 아니었다. 일찌감치 마당에는 장막이 쳐지고 넋자리가 깔렸다. 해거름이면 이슬과 서리를 막아주는 광목 천막 안에는 제상이 차려지고 여러 개의 등불이 걸렸다. 웃는지 우는지 알 수 없는 눈을 반쯤 감은 돼지머리는 언제나 중앙에 자리 잡았다. 어둠이 짙어지자 멍석에 내려와 있던 희미한 불빛이 점점 밝아졌다. 구경꾼들이 자리를 잡자 하얀 수건을 이마에 동여맨 무당이 모습을 드러냈다. 짙은 화장에 등솔기만 길게 갈라놓은 소매 없는 남색 쾌자를 입고 방울과 부채를 들고 나타났다. 코가 오뚝 선 흰 버선이 사뿐사뿐 들어오면 구경꾼들은 자리를 고쳐 앉고 마른침을 삼켰다.

굿판 한쪽에 자리 잡은 연주자들도 악기를 무릎 가까이 당겼다. 준비가 끝나자 장구가 먼저 정적을 깨고 굿판의 시작을 알렸다. 무정형 선율이 울려 퍼지자 무녀는 춤을 추기 시작했다. 알아들을 수도 없는 말로 접신接神을 시도하더니 갑자기 집안의 내력을 읊으며 공수를 전했다. 경련을 일으키며 춤을 출 때는 넋이 나간 듯했다. 방석에 앉은 악사들이 〈육자배기〉 가락을 연주하면 장구재비는 추임새를 넣고 징잡이가 굿판을 달구었다. 시간이 갈수록 빨라지던 시나위는 자연스럽게 어깨가 들썩거리는 자진모리장단으로 바뀌었다. 장단이 격랑을 이루자 연주자도 무당도 소맷자락을 펄럭이며 접신의 굿판으로 몰고 갔다. 귀를 울리는 선율이 점점 빨라지자 관객들의 마음도 신들린 듯 춤을 추었다. 구경꾼들마저 어깨를 들썩이면 지켜보던 등잔불도 그을음을 마구 흔들어댔다.

굿판은 카타르시스의 장이다. 가슴에 담고 있는 옹이 같은 응어리를 녹여낸다. 쉽게 드러낼 수 없는 아픔을 삼키지 못하고 굿판에서 쏟아낸다. 밤이 깊어가면 무녀의 공수에 스스로 빙의되어 간다. 자식을 앞세웠거나 사연이 많은 할머니는 참새 눈물보다 작은 물기를 연방 찍어내며 치마 속 돈주머니의 끈을 푼다. 장단 자체만으로도 애절한 삼현육각의 진양조장단에 애원성이 젖어들면 최면에 걸린 듯 자신도 작두를 탄다. 두려움과 슬픔이 해소되고 일체화되면 무거운 감정이 사라지고 마음이 정화된다.

풀밭 무대를 둘러본다. 삭심하고 들여다봐도 연주자는 보이지 않는다. 강변을 따라 걷는 내내 소리가 끊이지 않는다. 귀뚜라미의 애절한 소리가 길게 이어지면 가던 발걸음을 잠시 멈춘다. 잔잔하게 흐르던 평조가 계면조로 바뀌고 다양한 선율이 조화를 이루는 것을 보면 고수가 분명하다. 못 들은 척 외면해도 전혀 개의치 않고 연주를 이어간다. 누구는 가을 풀벌레 소리가 처량하다고 하지만 내게는 애절하게만 들린다. 가을 하늘의 달빛이 차가워질수록 크고 진하게 다가온다.

세상은 쉼 없이 각자의 소리를 낸다. 날이 갈수록 엇박자와 불협화음이 늘어나지만 서로 청을 맞춘 변주곡이 한결 질리지 않는다. 다양한 소리가 어우러지는 시나위 같은 세상이 훨씬 살맛 난다.

범 내려온다

묵혀 두었던 가사를 펼친다. 덥석 물었다 뱉어 놓은 터라 애써 외면했던 소리다. 배웠던 장단마저 희미해진 판소리를 다시 해보자고 한다. 기억조차 하기 싫어 잠시 머뭇거리자 스승은 핵심 부분만 하자며 들이민다. 임인년 호랑이해를 맞아 연초부터 엇모리장단으로 범을 맞이한다.

〈수궁기〉의 '범 내려온다'는 대목이다. 워낙 해학적이라 듣다 보면 저절로 폭소가 터진다. 자라가 병든 용왕이 먹을 토끼 간을 구하러 육지로 올라가는 부분이다. 별주부가 호랑이를 토끼인 줄 알고 토생원이요 하고 부른다는 것이 아래턱이 뻣뻣하여 토兎자를 호虎자로 잘 못 발음했다가 호랑이에게 혼쭐이 난다는 이야기다.

신비스러움을 나타내는 엇모리장단으로 반전을 예고하는 눈대목 중 눈대목이다.

요즘 '범 내려온다'는 소리로 TV에서 주목받는 밴드가 있다. 빨간 모자와 희한한 복장, 검고 붉은 안경, 흔히 볼 수 없는 변칙적인 춤으로 단번에 시선을 휘어잡는 '이날치 밴드'다. 날치라는 이름만 봐도 빠르고 날쌘 생동감이 넘치는 음악적 특성이 느껴진다. 본래 이날치는 흥선대원군 앞에서 노래한 서편제 판소리의 명창인데 최근 밴드명으로 부활하여 다시 대중 앞에 나타난 것이다. 이름에 걸맞은 다양한 재주꾼들이 상식을 뛰어넘는 특이한 복장과 반복되는 노래와 춤으로 세간의 이목을 끌고 있다.

전통 민요를 전공한 소리꾼들이다. 한 음절만 들어봐도 대단한 실력자임을 알 수 있다. 탁 트인 목청과 경쾌한 춤을 보면 고수가 분명하다. 전통음악을 전혀 다른 풍으로 편곡한 음악 실력 또한 범상치가 않다. 일단 리듬이 단조롭고 경쾌하다. 어깨춤이 절로 나오는 강한 비트가 반복되다 보니 자연스럽게 따라 하는 중독성이 있다. 공연형식도 창자唱者와 고수가 끝까지 무대를 끌고 가는 전통 방식이 아니라 여러 명이 동시에 출연해 노래하고 춤을 추는 힙합 무대를 연상케 한다.

몇 해 전, 판소리 〈수궁가〉의 상좌 다툼 대목과 함께 범이 내려온다는 부분을 배웠다. 지금까지 배웠던 소리와는 완전히 다른 느낌이었다. 우선 아니리가 너무 많고 길어 무성영화의 변사가 된 것 같았다. 아니리도 그냥 설명만 하는 것이 아니라 주책없이 능청맞고 수선스럽게 변덕을 부리는 도섭이 많아 혼란스러웠다. 장단 또한 단조롭지 않았다. 느린 자진모리장단이 엇모리장단과 중중모리장단으로 이어져 박진감은 있지만 배우기는 어려웠다. 군데군데 숨어있는 의성어와 짖는 소리 때문에 여차하면 줄거리와 곡조를 놓쳤다.

친구와 함께 배우다 보니 더했다. 한참 따라 하다 보면 생전 처음 듣는 목청으로 서로 다른 노래를 부르고 있었다. 첫 소절부터 덫에 걸린 듯 헤어나지 못했다. 난해한 가사와 장단이라 감을 잡을 수가 없었다. 선생님이 다그치듯 몰아붙이는 날은 전혀 의도치 않은 괴성이 나오기도 했다. 모두가 힘들었다. 수업을 마칠 때마다 열심히 연습하고 오라고 해도 돌아서면 끝이었다. 몇 주가 지나도 늘 같은 부분에서 맴돌았다.

한 달째 되던 날 빠르게 진도를 나갔다. 별로 잘 부르지도 않았는데 처삼촌 벌초하듯 한 장단씩 넘어갔다. 친구는 눈짓하며 의아해했다. 좀 이상하다는 생각이 들어도 오래도록 허우적거려서 그런지 벗어나고픈 생각뿐이었다. 그냥 흉내만 냈는데도 돌아가거나 반복하지는 않았다. 내심 돌아설까 봐 걱정했다. 종착역을 향해 달리는 열차처럼 마지막 장단을 향해 속도를 높였다.

그날 이후로 몇 해가 지나도록 한 번도 부르지 않았던 부분을 다시 펼친 것이다.

올해는 검은 호랑이 흑호黑虎해라 배워두면 좋을 것 같다는 말에 다시 시작했다. 아니리부터 천천히 따라 했다. 중간에 도섭이 있는데도 단번에 창唱으로 넘어갔다. 범 내려온다는 첫 소절부터 단전에 힘이 들어갔다. 의외로 시김새 부분이 자연스럽게 넘어가자 추임새와 장단도 잘 어우러졌다. 워낙 애를 먹었던 곡이라 겨우 장단만 맞췄는데도 마치 다 배운 것 같았다. 제대로 숙성되려면 수없이 반복하고 공력을 쌓아야 하는 줄 알지만 돌아서는 발걸음은 가벼웠다.

일에는 순서가 있고 단계가 있다. 의욕만 앞서 섣불리 달려들면 될 일도 안 된다. 하다가 안 되는 일이 있으면 잠시 제쳐두고 생각하는 시간이 필요하다. 시장함을 참지 못하고 마구 먹어 치우다가 낭패를 보는 것처럼 바쁠수록 천천히 살펴야 한다. 인력으로 되지 않을 때는 세월의 힘을 빌려야 한다. 때로는 돌아가고 쉬어갈 줄도 알아야 한다. 과정보다 결과에만 집착하다 보면 스스로 늪에 빠지거나 돌아올 수 없는 다리를 건너고 만다. 노래도 마찬가지다.

올해는 범이 꼭 내려왔으면 한다. 헛된 공명심과 허영심에 눈이 먼 자라와 토끼가 아닌 백수의 제왕 같은 큰 인물이 나타나기를 기대한다. 권모술수가 횡행하고 혼란스러운 세상을 평정할 흑호가 등장하기를 고대하는 마음으로 다시 소리를 지른다. “범 내려온다. 범이 내려온다. 송림 깊은 골로 한 짐승이 내려온다~”

소리의 늪

신내림은 피할 수가 없다. 한번 빠지면 마음대로 헤어나지 못한다. 아무리 돌려놓아도 나침판처럼 다시 돌아간다. 어떤 충고도 소용없고 조언도 귓등으로 듣는다. 얼마나 멀고 험한 길인지도 모르면서 눈과 귀를 막고 앞만 보고 나아간다. 신병神病을 앓는 것처럼 끼를 주체하지 못하고 틈만 나면 소리를 지른다.

원해서 들어선 길은 아니다. 꿈결처럼 찾아든 가락이 가슴을 파고들면 서슴없이 받아들인다. 영혼이 이끄는 길이라 마음대로 중단하거나 벗어날 수도 없다. 자신의 힘으로 가슴속에 재워두고 눌러 두었던 응어리를 누에가 고치를 짓듯 날마다 조금씩 토해 낸다. 설사 다 비울 수 없어도 개의치 않는다. 한번 들어서면 관성이 붙어 점점 빠져든다. 험난한 앞날이 훤히 보여도 희생과 시련을 감내하며 묵묵히 걸어간다.

판소리는 전통적인 민속악이다. 한 사람이 서사적인 긴 사설을 고수의 북장단에 맞춰 노래와 아니리로 엮고 발림을 곁들이는 일인다역을 한다. 당대 최고의 명창들은 가사에 맞게 목청을 다듬고 다양한 너름새로 표현해 청각과 시각적 효과를 극대화하였다. 긴 시간 이어지는 사설은 외우기도 힘들지만, 곡을 붙이기는 더더욱 어렵다. 단순히 가락을 입혔다고 소리가 되지는 않는다. 가사에 적합한 장단과 음의 강약은 기본이고 양념 같은 시김새도 적절하게 활용해야 제맛이 난다. 슬픈 대목에서는 눈물이 날 정도로 애잔하고 구슬픈 애원성으로 부르고 힘이 넘치는 사설에서는 폭포처럼 힘차게 몰아쳐야 청중이 몰입한다. 자연이 만들어 내는 물과 바람은 물론 다양한 새소리도 자유자재로 낼 줄 알아야 가사가 제대로 선날된나. 모든 조건을 완벽하게 갖춰야 자신만의 영역인 더늠의 경지에 들 수 있다.

소리는 무병처럼 다가온다. 최초의 여류 명창 진채선도 그랬다. 동리정사桐里精舍에서 흘러나오는 소리에 홀린 듯 빠져들어 날마다 담 너머에서 귀동냥으로 따라 불렀다. 마침내 최고의 판소리 학교에서 당대 제일의 이론가이며 체계를 확립한 동리 신재효의 제자가 되었다. 시대상으로 보면 도저히 공부할 수 없는 처지였지만,

포기할 줄 모르는 집념으로 남성의 전유물이었던 소리의 벽을 뚫었다. 타고난 음률과 뛰어난 가무로 명창의 반열에도 들었다. 고종 때 경회루 낙성연에 참가했다가 한동안 대원군의 총애를 받았다. 제자만 남겨두고 홀로 돌아온 스승은 늘 북쪽 하늘만 바라보다 단가 〈도리화가桃李花歌〉를 지었다. '도화는 곱게 붉고 희도 흴사 오얏꽃이 향기 쫒는 세요충은 젓대 북이 따라가고 보기 좋은 범나비는 너픈너픈 날아든다.'는 노랫말을 자세히 듣다 보면 단순히 복숭아꽃과 자두꽃이 핀 봄 경치가 아니라 채선의 아름다움을 노래하고 있다. 그녀는 평생 여류광대의 삶을 살았고 훗날 영화의 주인공이 되어 대중에게 널리 알려졌다.

지금도 누군가는 명창이 되겠다며 날마다 허리를 졸라매고 단전에 힘을 모은다. 판소리의 일인자였던 임방울도 그 길을 걸었다. 타고난 재능과 끊임없는 노력으로 방울목을 만들고 국창國唱이 되어도 날마다 자신의 목소리를 점검하고 다듬었다. 전국 방방곡곡을 다니며 소리를 하다가도 성음에 문제가 있으면 다시 독공에 들어갔다. 껄껄한 수리성과 단단한 철성, 튀어나오는 천구성은 물론이고 둥글둥글 굴려 내는 방울목은 어디를 가도 관객을 사로잡았다. 학식이 풍부하고 이론에 밝은 동료이자 경쟁자였던 동초 김연수는 방울목만 있으면 천하를 휘어잡겠다고 할 정도였다. 동초제를 완성하고 판소리를 현대화한 지식인이었지만, 공연무대에서는 늘 이인자였다. 해마다 열리는 고흥의 동초 김연수 판소리대회와 광주의 임방울 국악제가 그 맥을 잇고 있다.

수년 동안 지리산 계곡에 칩거하며 독공의 길을 걸어온 소리꾼도 있다. 산중 초막생활은 오직 득음을 위한 처절한 몸부림이었다. 소리는 자신이 감동하는 성음이 나와야 듣는 사람도 만족한다며 폭포 목청을 얻기 위해 인고의 세월을 보냈다. 모든 잡념을 뒤로하고 생식으로 연명하며 소리에만 매달렸다. 목소리가 트이지 않는 날은 바위에게 묻고 가사가 막히면 나무를 부둥켜안고 씨름했다. 최소한의 본능마저도 절제하며 거침없는 소리로 한을 담아내려 애를 썼다.

소리는 늪과 같다. 어떤 연유든 한번 발을 들여놓으면 점점 빠져든다. 현실의 벽에 막혀 잠시 주춤했던 사람들은 언젠가는 다시 소리북 앞에 앉는나. 아무리 재능이 많아도 단숨에 소리꾼이 되기는 어렵다. 원하는 성음을 얻고 사설과 선율을 외워도 소금에 절인 듯 숨을 죽이고 삭혀야 영혼의 소리가 나온다. 한을 담아내지 못하면 귀명창은 물론이고 관객이 먼저 등을 돌린다. 소리에는 왕도가 없다. 수많은 과정을 거쳐야 숙성된 소리가 나온다. 어떤 가락도 만만하게 덤벼들었다간 다시는 무대에 오르지 못할 수도 있다. 단가 한가락도 신중하게 접근해야 추임새가 나온다.

짧다고 선율이나 시김새가 단순한 것은 아니다. 유명 명창들도 무대에 오르기 전에 목을 풀고 고수와 장단을 맞춘다. 수백 번을 불러도 한을 담아내는 사설을 정확하게 전달하기는 정말 쉽지 않다.

유년 시절 처음 민요를 접했다. 동요나 유행가와는 전혀 다른 느낌이었다. 오래전부터 들어왔던 것처럼 생소하지 않았다. 가사는 정확히 몰라도 가끔 굿판에서 들었던 가락과 유사한 것 같았다. 누가 보든 말든 틈만 나면 흥얼거렸다. 어느 정도 입에 붙었을 때였다. 봄 소풍 오락 시간에 반 대표로 나갔다. 신명 나게 한 곡을 부르고 나니 친구들은 물론 선생님들도 큰 박수로 화답했다. 또래보다 장단의 이해가 빨라서인지 그해 학예회에서는 장구를 메고 무대에 섰다. 고등학교 때는 전국 방송 프로그램에서 서도 잡가를 불렀고 대학에서는 축제 때마다 무대에 올랐다. 흙먼지가 흩날리는 농악대 경연장에서는 장구와 꽹과리를 번갈아 맡았다. 한바탕 흥겹게 놀다 보면 선배들이 따라주는 막걸리가 감로주 같았다.

한동안 소리를 멀리했다. 추억으로만 간직하고 그쪽은 쳐다보지도 않았다. 더는 빠지지 않으려고 애를 썼다. 바쁜 현실에 아등바등 살다 보니 잊힌 줄 알았다. 아니었다. 잊을 만하면 느닷없이 찾아오는 철새처럼 판소리가 들리는 날은 한을 담은 목소리가 이명처럼 귓가에 맴돌았다. 만사 제쳐두고 당장 배우러 가고 싶어도 사력을 다해 꾹꾹 눌렀다. 누름돌로 눌러 둘수록 갈증은 더해 갔다. 가끔은 박자와 가사가 맞는지도 모르면서 마음껏 내뱉을 때도 있었지만 회수는 줄어갔다.

늪을 빠져나온 줄 알았다. 불꽃같이 타오르던 열망이 시들해지자 벗어난 줄 알았지만, 불씨는 남아 있었다. 뜬금없이 어디선가 판소리가 들리는 날은 머릿속은 온통 소리로 꽉 찼다. 견딜 수가 없었다. 소리꾼도 악공도 될 수 없는 이순의 나이에 정식으로 입문했다. 수소문 끝에 아들과 비슷한 나이의 젊은 스승을 만났다. 북을 마주하면 잡념이 사라지고 마음이 차분해졌다. 소리의 물결이 조금씩 장단을 타자 몸이 먼저 반응했다. 오랜 세월 찌들었던 먼지와 묵은 때를 진동과 파장에 실어 허공으로 날려 보냈다. 어쩌면 영원히 무대에 설 일이 없는 줄 알면서도 날마나 소리의 늪에서 허우적거린다.

판소리는 아름다운 장편의 서사시이다. 수천 년 이어진 질곡의 역사와 민족의 한이 뭉쳐진 응어리이다. 찢기고 갈라진 삶의 무늬를 어우르고 메꾸는 치유의 음률이다. 처절한 영혼의 소리가 가슴을 파고들면 화려한 무대나 삼현육각의 악공이 없어도 공감하고 감동한다. 철학적 사유와 가벼운 해학은 물론이고 애환을 뛰어넘는 고통스러운 감정 속에서 엿볼 수 있는 시대상과 주인공의 삶을 대하는 인생 참고서이다.

소리의 늪은 버르적댈수록 더 깊이 빠져든다. 질곡의 삶이 녹아든 영혼의 소리는 언제쯤 낼 수 있을는지. 지금도 상처 난 목청에 아니리와 창을 올렸다 내리기를 반복한다.

집박執拍

"짝~"

짧지만 우렁차다. 옻칠한 검은 나무 조각들이 부딪히는 충격파장이다. 푸른 관복의 집박執拍이 관객을 향해 인사를 하고 힘차게 박拍을 친다. 절구 모양의 축柷이 쿵쿵거리며 세 번 지축을 흔들자 북이 이어받는다. 다시 절도있게 박을 치자 등신불처럼 미동도 하지 않던 악공들이 허리를 곧추세우고 파동에 놀란 듯 일제히 연주를 시작한다.

음양의 조화에 따라 배치된 악기들이 제각기 소리를 낸다. 누구도 범접할 수 없을 만큼 위엄을 갖추고 있어 절로 옷매무시를 가다듬고 자세를 바로잡는다. 제사에 사용되는 음악이라 엄숙하지만 지나치게 무겁지는 않다. 얼마나 기다렸는지 잦아들 듯 이어지는 선율이 점차 물결을 이룬다. 온화한 봄바람이 되어 귓가를 간지럽히는 관현악에 편경과 편종 소리가 고명이 되어 얹힌다. 이내 실타래같이 얽히고설켜 누구도 거스를 수 없는 도도한 물줄기를 이룬다.

제례악은 장엄한 의식이다. 조선 시대 역대 왕과 왕비의 신위를 모신 종묘에서 제사를 지낼 때 사용하는 종묘제례악은 중요무형문화재 제1호이다. 세종 때 창작되고 세조 때 정비되어 해마다 연주되었으나 임진왜란 때 종묘가 불타면서 복구될 때까지 한동안 중단되었다. 문화적 전통과 특성이 잘 나타난 독특한 멋과 아름다움이 궁중음악의 정수로 인정받아 유네스코 인류무형문화유산 대표목록에도 등재되었다.

제례악의 지휘자는 집박이다. 때맞춰 시작하고 적절한 시기에 변화를 유도하고 여운을 남기며 끝내도록 한다. 연미복의 지휘자같이 끊임없는 몸짓과 지휘봉을 휘두르지는 않지만, 선율의 빠름과 더딤은 물론 적절한 시점에서 연주의 흐름을 조절하기도 한다. 악공이 많지 않은 민속악의 무대공연은 주로 장구재비가 시작과 끝을 알리는 역할을 담당하고 농악 같은 마당놀이에서는 꽹과리를 치는 상쇠가 흐름을 조율할 때가 많지만 대규모 아악합주단에서는 집박이 담당한다. 곡조가 길고 어렵거나 악단의 규모가

클수록 연륜과 내공이 없으면 물 흐르듯 자연스럽게 이끌기가 어렵다.

다시 박을 친다. 한쪽 끝을 끈으로 꿰고 단단히 묶어 손가락처럼 펼쳐진 여섯 개의 얇은 판목이 부딪친다. 경박하지 않은 당찬 연음에 악기의 선율이 변하자 구름에 달 가듯 연어가 강물을 헤엄치듯 부드럽던 춤이 힘차고 절도 있는 무공의 춤으로 변한다. 가야금이나 거문고같이 울림통도 없고 북이나 장구처럼 공명이 크지 않아도 이따금 야무진 파장을 만들며 공연의 물길을 돌려놓는다. 모든 준비가 끝나도 박이 울려야 시작하고 자신의 소리에 몰두하면서도 늘 신경을 쓰는 악공과 같이 무용수들도 귀를 기울인다.

절제된 가락을 연주하는 악공들의 복장이 단아하다. 흉배와 복배, 사모와 관대 등을 갖춘 관복 차림만큼이나 표정도 근엄하다. 도도하게 흐르는 강물처럼 끊임없이 이어지는 정가正歌는 자신의 감정을 전혀 드러내지 않는다. 장구와 북을 치는 악공들도 민속악에서 보는 자유분방한 모습이 아니라 세게 치면 찢어지고 깨어지기라도 하는 듯이 어루만지듯 조심스럽게 톡톡 두드린다. 대금과 아쟁, 해금도 한을 담은 시나위처럼 가슴 저미게 하지 않고 가야금과 거문고도 혼을 빼어가는 휘모리장단으로 어깨가 절로 들썩이게 하지도 않는다. 갖가지 관현악기가 쏟아내는 정제된 선율에 수많은 돌과 쇠의 진동이 뒤엉킨 청아한 화음이 풍경같이 다가오면 저절로 경건하고 정결해진다.

집박을 보니 집사 역할을 하던 때가 생각난다. 제주가 되어 원만하게 제사를 지낼 수 있도록 도와주는 일이었다. 분향으로 신이 강림하기를 요청하는 과정부터 마지막 음복까지 무리 없이 진행하려면 신경 쓸 곳이 많았다. 제삿날만 되면 별 도움도 되지 않는 문자를 써가며 분위기를 무겁게 몰고 가는 친지 때문이었다. 어찌나 엄숙함을 강조하는지 오랜만에 만난 가족이라도 대놓고 반가움을 표시하거나 마음 놓고 떠들지도 못했다. 왜 그래야 하는지도 모르고 모두가 불편하고 무거운 분위기에 동참했다.

한동안 축문도 읽었다. 결혼하고 얼마 되지 않았을 때 아버지께서 한번 해보라고 했다. 수없이 듣고 보아도 전혀 관심을 두지 않았던 분야라 순간 당황스러웠다. 사람이 많이 모인 엄숙한 자리라 혹시 실수나 하지 않을까 걱정되었다. 어떻게 한문은 읽는다고 해도 운율이 문제였다. 길지 않은 글이라도 세로로 쓴 한문체라 어디서 끊어야 할지를 몰랐다. 책을 읽듯이 밋밋해도 안 되고 시 낭송처럼 감정을 실어도 안 된다고 했다. 늘 지켜봐 왔던 아버지의 모습을 떠올리며 흉내를 냈다. 그날 이후로 강산이 세 번이나 변했지만, 아직도 그 끈을 놓지 못하고 향불 근처에서 맴돈다.

조상을 숭상하는 제사의 순서는 크게 다르지 않다. 지극히 절제된 행동으로 산자가 죽은 자에게 술과 음식을 올리고 자손의 번성을 기원하는 의식이라 왕실이든 가정이든 별반 차이가 없다. 왕과 세자와 영의정이 초헌과 아헌 종헌을 올리듯이 집안 제사도 많이 드시고 후손들을 보살펴 달라며 술을 올리고 축문의 읽고 그 마음이 하늘까지 전해지기를 바라며 소지를 사른다. 단지 차이가 있다면 대규모 악단의 정형화된 가락과 절제된 무용수들의 춤이 있는 제례악이 없다는 것이다.

지휘자의 역할은 대단하다. 궁중 제례와 연례 때 쓰이던 음악에서는 집박이 절대적이다. 다양한 악기와 구음 같은 노래의 조화는 물론 엄숙하면서도 단아한 춤도 자연스럽게 이어가야 한다. 악보도 없이 장시간 연주하는 아악은 모든 내용을 완전히 꿰뚫고 있지 않으면 제대로 통솔할 수가 없다. 수많은 악기가 모인 합주는 같은 곡이라도 지휘자의 능력에 따라 전혀 다른 느낌을 주기 때문이다.

대나무 채가 어敔를 세 번 치고 훑어 내리자 제례악이 연주가 끝난다. 끝을 알리는 징소리의 여운을 따라 모든 파동이 허공으로 사라지자 악기를 내려놓은 악공들은 다시 석상이 된다. 텅 빈 무대가 어둠과 정적에 빠져든다. 하나의 호흡이 끝났다. 숨을 내쉬었다[呼] 들이마시면[吸] 끝나는 인간의 삶도 길게는 한 곡이고 짧게는 마디가 아닐까 싶다. 누가 지휘하는지도 모르면서 모두가 가쁜 숨을 몰아쉰다.

<사철가> 인생을 돌아보다

덧없는 계절이 속절없이 흘러간다. 철철이 옷을 갈아입는 산천이 없었다면 눈치도 채지 못할 정도로 조용히 왔다 간다. 가끔은 폭풍우를 몰고 오거나 천지를 하얗게 뒤덮기도 하지만 그 또한 오래 머물지는 않는다. 창 너머 매화나무는 겨울이 가기도 전에 꽃을 피워 벌 나비를 유혹하더니 여름의 문턱에 들어서지마자 잘 여문 열매를 사방으로 떠나보낸다. 나무가 자연의 섭리를 받아들이듯 인간도 시절에 순응하며 살아간다.

사람도 사철과 다르지 않다. 천하를 호령하던 무수한 영웅호걸도 봄바람에 흩어지는 꽃잎처럼 때가 되면 사라져갔다. 수많은 시인 묵객들이 나그넷길이나 항해에 비유한 인생을 소리꾼들은 철 따라 변하는 풍경을 보며 덧없는 세월을 노래했다. 삶에 대한 열정이 식어가고 육신마저 노쇠해지면 어찌할 도리없이 지나가는 시절이 뼛속을 파고든다. 늦가을 찬바람에 정처 없이 떠도는 낙엽만 봐도 서글퍼지고 서리만 내려도 다가올 겨울을 생각하며 인생의 덧없음에 젖어 든다.

〈사철가〉는 인생의 무상함을 담은 단가이다. 첫 소절부터 허무함이 밀려온다. '이산 저산 꽃이 피니 분명코 봄이로구나/ 봄은 찾어 왔건마는/ 세상사 쓸쓸하더라 나도 어제 청춘일러니/ 오늘 백발 한심하구나' 백발이 성성한 노인이 산천에 피어나는 꽃을 보며 자신의 처지를 탄식하며 시작한다. 영원히 함께할 것 같았던 청춘이 속절없이 가버리자 왔다 갈 줄 아는 봄을 반긴들 무슨 소용이 있겠냐며 삶의 무상함을 한탄한다. 늘 푸를 것 같던 녹음 방초도 가을이 되면 산천을 물들이는 단풍이 되고 찬바람이 불어 백설이 펄펄 휘날리면 세상은 월백 설백 천지백한다. 천지가 백지처럼 하얗게 변하면 봄이 올 것을 알기에 서글픔이 더 밀려온다. 인생이 백 년을 산다고 해도 병든 날과 잠든 날 걱정 근심이 가득한 날을 제하면 단 오십도 제대로 살 수 없고 사후에 만반진수는 살아서 한 잔 술보다 못하니 허투루 세월을 보내지 말고 즐겁게 살 것을 권한다.

처음 듣던 날, 꼭 배우고 싶었다. 툭툭 던지는 듯한 도입부의

'이 산 저 산'이라는 가사가 서슴없이 가슴으로 전해졌다. 평범한 계면조의 중모리장단이라 들을수록 애잔한 느낌이 들었다. 여태까지 들었던 수많은 민요와는 차원이 달랐다. 철 따라 변하는 자연을 인생무상과 비교한 짧은 곡이지만 여운은 오래갔다. 가사도 어렵지 않았다. 한번 듣고 완전히 이해할 수 있는 판소리는 처음이었다. 젊은 시절을 함부로 보내지 말라는 교훈적인 내용을 누구나 쉽게 이해할 수 있는 일상적인 언어와 한시 몇 구절로 풀어냈다. 사계절을 나타내는 꽃, 녹음, 황국, 단풍, 백설을 등장시켜 계절의 변화를 시각화하고 인간의 생로병사와 흥망성쇠를 병치시켜 쉽게 공감할 수 있는 영역을 구축했다. 긴 사설에 어려운 한문이 많은 판소리보다 훨씬 단순하고 쉽게 알아들을 수 있어 자연과 사람의 모습이 자연스럽게 상상되었다.

〈사철가〉에 끌려 판소리에 입문했다. 늘 변방에서 기웃거렸지만, 선불리 들어갈 수는 없었다. 소리의 불모지나 다름없는 지역이라 소리하는 사람이나 배울 수 있는 곳이 주변에는 없었다. 어쩌다 한 번씩 흘러나오는 매스컴을 통한 귀동냥으로는 갈증이 풀리지 않았다. 평생을 공부해도 득음하지 못하면 소리꾼이 될 수 없고 설 수 있는 무대를 찾기도 어려웠다. 명성을 얻어 크고 작은 무대에서 공연한다고 해도 궁핍한 생활이 기다리고 있어 소리꾼으로 살아가기는 만만치 않았다.

타고난 신명을 떨쳐내지는 못했다. 신민요처럼 혼자 불러보기로 마음먹었다. 녹음기를 틀어 놓고 수없이 따라불렀지만, 한 장단을 넘어가기도 어려웠다. 수소문 끝에 선생님을 만났다. 단가를 배우러 왔다고 하니 의아해했다. 뜬금없는 대답에 약간은 황당하다는 표정이었다. 첫 시간에는 초등학생이 배우는 〈군밤타령〉부터 시작하더니 한동안 〈너영나영〉 같은 민요만 되풀이했다. 잘못 찾아왔나 싶었지만 참고 기다렸다. 두어 달쯤 지나자 북채를 잡더니 혼자 익힌 〈사철가〉를 불러보라 했다. 한 소절도 넘기지 못하고 버벅거리다가 결국 처음부터 다시 시작했다.

몇 달 반복하자 슬프고 애잔한 느낌의 노래가 만들어졌다. 음의 높낮이와 시김새를 바로 잡자 제대로 장단을 탔다. 선생님의 북 장단과 추임새에 맞춰 부르다 보면 저절로 신이 났고 어김없이 등에는 땀이 흘러내렸다. 다듬을수록 어깨가 들썩이고 소리의 흥은 조금씩 농익어 갔다. 주변에서 잘한다는 소리를 들을 때마다 얼마나 실력이 늘었는지 확인하고 싶었다. 혼자 연습할 때 듣고 싶다는 핑계로 녹음을 하고 싶다고 했다. 막상 녹음하려니 긴장 때문인지 장단을 놓치고 목청이 갈라져 목을 두어 번 풀고 나서야 겨우 시작했다.

여느 때처럼 주말에 어머니를 찾아갔다. 겨우 옛 기억 몇 가닥에 의지하며 덧없는 삶을 유지하는 어머니의 귀에다 전화기를 갖다 대고 소리를 틀었다. 힘찬 북장단에 맞춰 단가가 흘러나오자 짐짓 놀라는 표정을 짓더니 이내 눈을 지그시 감고 소리에 몰입했다. 시간이 흐르자 내 손을 끌어당기더니 힘주어 잡았다. 대가족의 살림을 도맡았던 굳은살 앉은 예전의 손이 아니었다. 핏기없는 흰 손은 한없이 매끄럽고 보드라워도 정강이뼈처럼 튀어나온 손가락 마디는 그대로였다. 죄를 지은 것 같아 다른 손으로 살포시 덮었다. 짧지 않은 소리가 끝을 맺자 환한 미소를 짓더니 갑자기 엄지를 치켜세웠다.

계절은 지금도 흘러간다. 역병으로 세상이 시끄러워도 정해진 속도로 지나가고 있다. 흐르는 물줄기를 다시 돌리지 못하듯 시절도 인생도 되돌릴 수가 없다. 머리에는 이미 서리가 내리기 시작했건만 내세울 만한 것이 보이지 않는다. 무성한 이파리를 자랑하던 나무들이 잎이 지고 앙상한 가지가 되자 작은 삭풍에도 크게 운다.

한동안 쉬었던 소리 공부를 다시 시작한다. '세월아! 세월아! 세월아! 가지 말어라 아까운 청춘들이 다 늙는다~' 굵고 탁한 목청이 북장단을 타고 추임새를 불러온다.

장구, 바라지 풍물

나대거나 조잡하지 않다. 풍만한 생김새만큼이나 주변을 먼저 배려하고 격려한다. 팽팽한 가죽에 막힌 펑퍼짐한 울림통 두 개가 개미허리처럼 잘록한 조롱목에 의지하고 있다. 끊어질 듯 연약한 허리가 대칭인 듯 대칭이 아닌 몸통을 강단 있게 붙잡는다. 질긴 가죽의 진동이 밀폐된 공간에서 회오리 격랑을 이루며 장단과 가락을 만든다.

가부좌를 틀고 장구를 배운다. '덩~덩따쿵딱' 세마치장단이다. 시작하자마자 손과 채가 따로 논다. 쇠망치로 내려치듯 통명스럽고 단조로운 가락이라 누구나 쉽게 따라 할 수 있는 세 박자지만 노래를 부르며 반주를 넣을 때는 완전히 다르다. 노래에 신경을 쓰다 보면 장단이 맞지 않고 반주에 집중하다 보면 짧은 가사에 막힌다. 오른발로 조임줄을 누르고 왼무릎으로 궁편 가죽을 밀어도 자꾸만 비틀거리며 한쪽으로 밀려간다. 엄지를 복판 테두리에 걸치고 네 손가락으로 가볍게 두드리라고 하지만 나도 모르게 자꾸만 힘이 들어간다.

처음은 아니다. 오래전 농악을 하면서 굿거리장단부터 자진모리장단, 휘모리장단까지 배웠다. 상쇠가 화려한 장단으로 대열을 끌고 가면 북이나 징과 함께 보조를 맞추며 따라갔다. 풍물놀이용은 크기가 작아 고음을 내지만 꽹과리나 징 같은 쇳소리에 묻히지 않으려고 힘껏 쳤다. 굿거리장단으로 어느 정도 대열을 맞추고 나면 꽹과리가 울음을 막고 터며 자진모리장단의 삼채장단으로 이끌었다. 원을 그리며 광장을 돌다가 관객의 시선이 집중되면 상쇠는 바람처럼 빠르고 강한 타점으로 몰아치는 휘모리장단의 이채장단으로 넘어갔고, 대원들의 현란한 몸동작과 더불어 농악도 절정으로 향했다.

장구는 장고杖鼓나 세요고細腰鼓라고도 한다. 고려 시대 송나라에서 들어와 궁중의 당악唐樂에 사용되다가 속악과 민속악에도 널리 사용되고 있다. 반주나 정악正樂에 사용되는 실내용과 풍물이나 무속에 사용되는 민속악용이 있고, 오동나무로 만든 통에 칠포나 가죽을 씌워 만든 것을 최고로 친다. 궁글채나 손으로 치는 북편은 두꺼운 쇠가죽이라 굵고 낮은음이 나지만 대나무로 치는 채편은 얇은 말가죽이라 주로 맑은 고음을 담당한다. 합주나 반주처럼 실내 연주에서는 손바닥과 채로 가볍게 북편과 변죽을 울리지만, 관악기와 협주를 하거나 풍물놀이처럼 큰소리가 필요할 때는 궁글채와 열채로 가운데를 힘껏 친다.

풍물은 곳집에 보관했다. 눅눅한 구석 자리에는 징이, 장구와 버꾸, 꽹과리는 선반에 아무렇게나 놓여 있어 들어갈 때마다 이것저것 두들기며 어른들의 흉내를 냈다. 명절이나 특별한 날에만 사용하다 보니 보관이 여간 어렵지 않았다. 놋쇠로 만든 악기는 푸른색 녹이 슬어 푸석푸석해 보였고 짐승 가죽으로 만든 장구나 북은 곰팡이가 검버섯처럼 피어 있었다. 장마철이나 비가 오는 날이면 습기를 머금어 소리가 잘 나지 않을 정도였다. 조이개로 조여도 맑은소리가 나지 않으면 바람이 잘 통하는 그늘에서 며칠씩 거풍을 시켜야 했다.

장구는 풍물의 바라지다. 농악에서 상쇠가 대열을 이끌고 완급을 조절하듯 실내 공연과 반주에서는 장구가 늘 첫 박을 친다. 출연자와 방청석을 곁눈질하며 시작점을 저울질하고 때가 되면 선율의 변곡점을 알려준다. 무정형 즉흥곡인 시나위 연주에서는 더하다. 이음매 없는 아름다운 곡이 되느냐 마느냐는 장구재비의 역량에 좌우된다. 전반적인 진행은 물론이고 흐름을 원활하게 하면서도 자신을 잘 드러내지는 않는다. 가슴을 파고드는 애절한 곡은 추임새 같은 소리로 공간을 채워주고 공연장 분위기를 끌고 간다. 현악기처럼 은은하고 감미롭지도 않고 꽹과리같이 엄청난 파열음이 없어도 없으면 안 되는 악기다.

늘 뒷바라지만 하는 것은 아니다. 장구도 독주가 있다. 서양 음악의 카덴차나 쇠재비의 짝두름처럼 발림과 함께 즉흥적인 가락을 풀어내고 설장구놀이로 뛰어난 기교를 선보인다. 두 고수가 가락을 주고받는 쌍장구놀이가 훗날 독주로 발전했다. 초기에는 덩덕궁이 · 세산조시 · 구정놀이 · 호드래기 · 굿거리 장단 등 여러 곡조를 변주시키며 즉흥적으로 치다가 무대공연이 정착되면서 안무가들에 의해 다양한 형태의 장구춤으로 자리 잡았다.

힘을 빼라는 카랑카랑한 목소리가 귀청을 때린다. 어깨부터 손목은 물론 채를 잡은 손가락에도 힘이 들어가면 안 된다고 소리를 지른다. 반동을 이용해야 맑고 경쾌한 소리가 난다고 거듭 강조해도 몸과 마음이 따로 논다. 오래전 농악에서 배운 타법과는 완전히 다르다. 좁은 영역인 변죽마저도 세게 치지 말라고 한다. 조금만 세게 쳐도 소리가 죽는다며 선생님은 정색한다. 뻔히 알면서도 원하는 장단을 치지는 못한다. 시작한 지 얼마 되지 않아 땀방울이 등줄기를 타고 흘러내린다.

대학 시절, 어느 노인이 해 준 말이 생각난다. 공연이 끝나고 무대에서 내려오자 노래는 괜찮은데 장구는 더 배워야겠다고 했다. 그때는 귓등으로 들었다. 어차피 소리의 길을 걷지 않을 거라 배울 필요가 없다고 생각했다. 다시 배우다 보니 일고수이 명창이 괜히 나온 말이 아니구나 싶어진다. 북을 잡은 지 반세기가 지나자 가락이 뭔지 조금은 알 것 같다는 어느 고수의 말이 점점 크게 다가온다. 언제쯤 몸이 저절로 반응할지도 모르면서 마음을 고쳐먹고 채를 잡는다. 가장 기본인 박자부터 다시 시작한다.

초보 수준이라 모든 게 서툴다. 남도잡가 〈흥타령〉은 계면조의 느린 중모리장단이지만 가사에 집중하다 몇 번이나 박자를 놓쳤다. 틈만 나면 연습해도 병창은 역부족이라는 생각이 든다. 궁편과 채편의 강약 조절과 말가죽과 쇠가죽의 떨림이 언제쯤 서로 조화를 이룰 수 있을는지 아득하기만 하다. 악기도 득음처럼 나름 삭히는 시간이 필요한 것 같다. 평생 악기와 씨름하는 명인들도 원하는 소리를 내지 못하면 다시 공력을 쌓고 무대에 오를 때마다 짧은 곡으로 마음과 악기를 다스린다. 타악기는 자신이 있다고 생각했는데 아닌 것 같다. 소리도 장구도 제자리를 찾지 못하고 허둥대다 수업이 끝났다.

장구는 바라지 풍물이다. 독성을 순화하고 효력을 배가시키는 약방 감초처럼 튀거나 처지는 소리를 잡아주고 추켜세운다. 심금을 울리는 해금이든 다양한 선율의 가야금이든 차별하지 않고 튀는 소리나 꺼져가는 소리를 살려주고 순화시킨다. 독주든 협주든 끊임없이 조롱목을 넘나드는 가죽의 떨림이 수많은 악기에 활력을 불어넣는다.

점점 인심이 메말라간다. 누군가는 더불어 잘사는 세상을 강조하지만, 힘 있는 자들은 세를 불리느라 정신이 없다. 소외되고 힘없는 약자의 소리는 권력자들의 큰소리에 점점 묻혀간다. 지금은 상대방을 배려하고 힘을 실어주는 장구 같은 사람이 필요한 세상이다.

수고수 암명창

늘 한쪽 구석에 자리 잡는다. 애써 보지 않으면 눈에 잘 띄지 않는 곳이다. 눈여겨보는 사람이 없어도 그림자처럼 나타나 허리를 곧추세우고 앉는다. 어두컴컴한 무대 한쪽에 준비된 고수의 자리가 채워져야 소리판이 시작된다.

고수는 연출가인 동시에 지휘자다. 어떤 무대든 북채를 잡은 사람이 분위기를 끌고 간다. 최고의 명창도 북재비의 북 다스름을 따라 목청을 가다듬는다. 아무리 관객의 시선과 화려한 불빛이 광대에게 쏠려도 북의 첫 박이 있어야 소리판이 열린다. 고수는 북장단으로 노랫가락에 생기를 불어넣고 다양한 추임새로 힘을 실어준다. 언제 재담이 나올지 몰라 창자唱者와 끊임없이 교감하며 공연이 끝날 때까지 긴장을 늦추지 않는다.

고법은 주로 도제식으로 배운다. 스승과 제자가 마주 앉아 예절부터 엄하게 가르치고 배운다. 나름 경지에 도달한 명인에게 배우다 보니 스승에 따라 주법이 조금씩 다르다. 소리만큼은 아니지만, 귀명창이나 소리꾼들은 누구에게 배웠는지 대번 알아차린다. 북재비도 광대처럼 누구에게 사사했다는 말을 입에 달고 다닌다. 배울 때는 모두가 기본적인 원박原拍부터 배우지만, 소리꾼의 성향에 따라 다양한 변주를 할 수 있어야 고수 소리를 듣는다.

〈심청가〉 판소리공연을 보러 갔다. 쪽머리에 손부채를 쥔 젊은 창자와 갓을 쓴 고수가 정중하게 인사를 하더니 각자의 자리로 돌아간다. 소리꾼과 눈을 맞춘 북재비가 북통을 치며 추임새를 넣자 소리가 시작된다. 사설에 따라 끊임없이 가락을 맺고 풀자 창과 아니리가 물 흐르듯 이어진다. 장단이 조금씩 빨라지고 긴장감이 높아지자 관객석에서는 추임새가 연달아 터져 나온다. 공양미 삼백 석에 팔려간 딸을 생각하는 애절한 진양조장단에서 인당수에 몸을 날리는 빠른 장단으로 넘어가자 관객들은 자세를 고쳐잡고 침을 삼켰다.

그때였다. 갑자기 이상한 소리가 들렸다. 목청이 갈라진 것이었다. 당황한 소리꾼은 어찌할 줄을 모르고 허둥대고 무대를 바라보는 청중들은 서로 얼굴만 쳐다봤다. 고수가 잽싸게 일어나 물을 한잔 권하며 더 많은 추임새가 필요한 것 같다며 너스레를 떨었다. 관객들은 일제히 손뼉을 쳤다. 얼마 가지 않아 같은 현상이 또 발생했다. 이번에는 큰소리로 에어컨 바람을 좀 약하게 해달라며 고함을 질렀다. 노련한 동작으로 관객의 시선을 자신에게 돌려놓고 구수한 재담으로 시간을 끌었다.

명창은 고수를 잘 선택해야 한다. 유명한 가수가 전속 악단과 함께 공연장을 다니듯 오랜 세월 손발을 맞춘 고수가 훨씬 편하다. 수많은 공연을 함께하다 보면 몸짓이나 눈빛만 봐도 어떤 재담과 아니리가 나올지 미리 알고 한 장단만 들어봐도 성대의 상태를 짐작한다. 재담이 익살스럽고 찰지면 쉽게 객석의 시선을 모으고 임기응변에 능하면 소리판이 강물처럼 잘 흘러간다.

소리를 살리고 죽이는 자는 고수다. 맛깔나는 장단과 양념 같은 추임새가 소리판에 생기를 불어넣는다. 단순히 사설이나 가락만 살리는 것이 아니라 사설을 강조하는 효과음도 낸다. 즉흥적인 연주나 다양한 계층의 가객을 접하는 경우가 많아 명고라는 소리를 들으려면 폭넓은 지식을 갖추어야 한다. '소년 명창은 있어도 소년 명고수는 없다', 일고수 이명창, 수고수 암명창이라는 말이 생겨난 것도 그 때문이다.

세상에는 주연보다 조연이 많다. 뛰어난 조연들이 걸출한 주연을 만든다. 든든한 참모가 없으면 영웅호걸도 없다. 무슨 일이든 든든한 조력자의 헌신적인 노력이 빛나는 결과를 만든다. 노둣돌이 있어야 말에 쉽게 오를 수 있듯이 누군가가 디딤돌과 사다리가 되어줘야 그 자리에 오를 수 있다. 성공만 하면 음지에서 고생한 사람들은 다 잊고 자신의 힘든 과정만 늘어놓는 사람들이 많다. 소리판도 마찬가지다. 소리꾼은 공연 내내 청중의 시선을 받고 끝나면 꽃다발과 찬사를 받는다. 하지만 고수는 홀로 북을 메고 어두운 무대 뒤로 사라진다.

고수의 길은 험난하다. 북만 잘 친다고 되지 않는다. 판소리의 사설은 물론이고 창자의 특성도 꿰뚫고 있어야 한다. 어떤 목청을 어떻게 사용하는지는 물론 발림과 재담도 확실하게 파악하고 있어야 청중과 공감하고 감동을 줄 수가 있다. 곳곳에서 북을 울려대도 유능한 고수를 만나기는 어렵다. 평생 북만 쳐도 인간문화재는 고사하고 먹고 살기도 어려운 경우가 대부분이다. 뛰어난 재능과 풍부한 경험을 쌓아도 인고의 세월을 견뎌야 조금씩 명성이 드러난다.

일반 가정도 마찬가지다. 화목한 집에는 반드시 누군가의 희생이 깔려있다. 가문을 중시하고 체통을 앞세우는 소위 명문 집안일수록 더하다. 영화나 연극에만 조연이 있는 것이 아니다. 어디에도 자신을 내려놓고 험하고 궂은일을 도맡아 처리하는 조력자가 있다. 가난한 시절 동생을 위해 헌신했던 수많은 누이와 등이 활처럼 휘고 손가락 마디가 옹이같이 부풀어도 자식을 위해 살았던 부모가 그런 사람이다. 그들은 누구의 시선도 닿지 않는 구석진 곳에서 자신들이 만든 주연을 바라보며 지난날의 아픔을 홀로 삭인다.

주연이든 조연이든 역할이 끝나면 본래의 자리로 돌아간다. 신명 나게 한바탕 놀고 떠나는 광대처럼 또 다른 무대를 찾아 각자의 길을 간다.

가야금

초대장을 들고 국립 국악원을 찾았다. 판소리가 좋아서 공연을 보러 간 것은 아니었다. 오랜 세월 지체하고 머뭇거리다가 몇 번이고 기회를 놓쳐버린 소리 공부 때문이었다. 어두침침한 공연장에 들어서자 맞선자리처럼 나도 모르게 마음이 설렜다. 자리에 앉고 보니 무대의 움직임이 한눈에 들어오고 소리도 잘 들리는 최상의 위치였다.

소리꾼은 칠흑같이 어두운 무대에 앉아 있었다. 조명이 밝아지자 서서히 자태가 드러났다. 검은 쪽머리에 단정한 노란 저고리가 대조를 이루고 펑퍼짐하게 자리 잡은 치맛자락을 베고 누운 가야금이 돋보였다. 살짝 옆으로 비켜 맨 길지 않은 붉은 옷고름의 색상 배열이 단순하지만 예사롭지 않았다. 얼핏 보면 갓 시집온 새색시의 단아한 모습 같았다. 즐겁고 기쁘다는 희囍자가 새겨진 왕골자리 끝자락에는 한복차림 고수가 소리꾼을 바라보고 있었다. 첫인상부터 화려하고 강렬했다.

성음이 범상치 않았다. 작은 체구에서 뿜어내는 목청에서 쇳소리가 났다. 약간은 쉰 듯한 수리성에서 명창의 기운이 넘쳐났다. 자리를 몇 번이고 고쳐 앉으며 작은 움직임 하나도 놓치지 않으려고 애를 썼다. 〈춘향가〉 중 '사랑가'라고 안내 책자에는 쓰여 있었지만, 병창이라 그런지 북장단으로 듣던 느낌과는 달랐다. '사랑~ 사랑 내 사랑아'로 시작되는 첫 소절의 굵은 성음과 느린 장단이 일시에 관객의 시선을 끌어모았다. 시간이 갈수록 잔잔하게 이어지는 가야금 선율에 자맥질하듯 들락거리는 사랑가가 고수의 반주를 농락하며 탄력을 더해 갔다.

자신의 반주에 맞춰 노래하는 가야금 병창의 역사는 길지 않다. 조선 순조 때 명창인 신만엽과 김제철이 처음 시도했다고 한다. 남도 음악의 연주형식인 가야금 연주는 물론 소리도 할 줄 알아야 가능하다. 처음에는 단가 〈호남가〉나 〈춘향가〉의 사랑가와 같은 판소리 한두 대목을 부르는 정도였으나 점차 〈새타령〉과 〈남원산성〉 같은 민요나 신민요에도 응용하더니 지금은 창작곡도 연주되고 있다. 반주는 자진가락이 가능한 장구가 주류를 이루지만 판소리의 기본 장단이면 북장단도 별문제가 없다.

가얏고라고 불렸던 가야금은 우리나라 고유의 현악기다. 《삼국사기》에는 가야국 가실왕이 만들었으며 곡을 만들었던 명인 우륵은 나라가 망하자 신라로 망명하여 진흥왕 앞에서 연주했다고 전해진다. 밤나무와 오동나무로 만든 좁고 긴 직사각형의 공명통 위에 명주실로 꼰 열두 줄을 걸고 기러기발[雁足]로 받친다. 왼손으로는 기러기발 바깥쪽을 눌렀다 놓았다 하면서 오른손으로 줄을 뜯거나 퉁겨 소리를 낸다. 거문고의 장엄한 소리가 남성적이라며 음색이 맑고 연주 기교가 다양한 가야금 소리는 여성적이라 할 수 있다. 구한말 김창조가 최초로 산조를 만들면서 아악과 민속악에 두루 사용되는 가야금이 널리 전파되었다.

현란한 손놀림에 관객들이 점점 몰입한다. 다스름도 없이 꼿꼿하게 세운 허리를 굽혔다 펴기를 반복하며 무릎에 얹어 놓은 명주실을 퉁긴다. 한 손으로는 줄을 짚고 다른 손으로는 강약을 조절하며 뜯고 퉁기며 소리를 이어간다. 연주가 소리를 끌고 가는지 고수가 선율을 몰고 가는지 모를 정도로 물고 물리고 엎치락뒤치락하지만, 종국에 가면 소리가 농현弄絃을 농락한다. 가끔 쓰러질 듯 몸을 숙이고 먼 곳까지 팔을 뻗을 때면 가슴속 맺혔던 사연들을 쥐어짜는 것같이 애절하게 들렸다. 거문고나 아쟁처럼 술대를 사용하지 않고 끊임없이 움직이는 손가락으로 연주를 하면서도 물 흐르듯 쉼 없이 이어간다.

가야금을 어르고 달랜다. 산조처럼 줄을 내려다보며 진동에만 전념하지 않는다. 연주와 소리, 가사에 맞는 표정 등 어느 하나도 소홀히 하지 않고 상황에 맞게 희로애락의 감정을 만들어낸다. 가끔 고수와 대화하듯 창과 아니리로 사설을 읊으면 고수는 추임새로 화답한다. 억지로 뜯거나 심하게 튕기지 않는 소리가 서두르거나 지체하지 않는 소리와 함께 절정을 향한다. 청중들이 소리의 강물에 합류해도 장단을 바꾸거나 나대지 않고 놋쇠 대야를 두드리는 빗방울처럼 자신의 소리만 낸다. 시나위나 산조 가락과는 다르게 잔잔하게 이어지는 파장이 점점 힘차게 밀려온다.

박수 소리에 정신이 번쩍 들었다. 가야금 병창은 십여 분만에 끝이 났다. 창과 아니리가 몇 번 반복되는가 싶더니 아쉬움을 남기고 끝을 맺었다. 병창을 직접 공연장에서 감상하기는 처음이라 언제 끝나는지를 잘 몰랐다. 판소리 몇 대목은 더 이어갈 줄 알았는데 그렇게 길지는 않았다. 평소에 들었던 북장단의 힘찬 소리와는 다른 느낌이었다. 소리 불모지에서 젊은 소리꾼을 만났다는 것 자체가 가슴 설레는 일이었다.

갈수록 국악 공연이 줄어든다. 전염병 탓도 있지만, 공연을 지탱하던 저변 인구가 점점 줄어들기 때문이다. 전통음악의 명맥을 이어가던 대학에서조차 소리나 기악을 배우겠다는 학생들이 줄어든지 오래다. 소리와 기악을 동시에 해야 하는 가야금 병창은 몇몇 여류 명창이 맥을 이어가고 있지만, 숫자가 점점 줄어든다. 긴 세월 쏟아부은 노력에 비해 성공확률도 낮고 상응하는 대가를 기대하기도 어려운 세상이라 어쩔 수가 없다.

수년째 단전에 힘을 주며 소리를 뱉어낸다. 뭍을 향해 들락거리는 파도처럼 허우적대며 애만 태울 뿐 소리의 늪을 벗어나지 못한다. 오늘도 〈심청가〉의 심봉사 눈뜨는 대목에서 몇 달째 목청을 돋우고 핏대를 세운다.

비나리

상쇠가 낮고 느리게 한 장단을 친다. 다스름이 끝나자 신명 나는 자진모리장단에 맞춰 천지가 창조되고 나라가 태평하니 풍년이 든다는 가사가 구성지게 이어진다. 꽹과리 소리가 부드러워지고 상쇠의 목청이 무르익자 유년 시절 기억 하나가 고개를 든다.

풍물 소리가 다가오면 조용하던 집안이 분주해진다. 이른 아침 마당과 뒤란은 물론 장독대까지 쓸고 닦았지만 한 번 더 살펴본다. 열었던 부엌문을 닫고 치워 놓았던 지게를 창고로 옮기고 대문 근처에 있는 살포며 소쿠리도 바깥 헛간으로 가져간다. 그래도 불안한지 몽땅 대빗자루를 들고 대문 안팎을 쓸데없이 비질하며 걸립패 맞을 준비에 부산을 떨었다.

부엌에서는 작은 상을 준비했다. 쌀이 소복하게 담긴 그릇을 하얀 백지가 깔린 상에 올려놓고 조심스럽게 숟가락을 꽂았다. 꼬깃꼬깃 접힌 흔적이 선명한 지폐 몇 장도 옆에 놓았다. 식구들이 배곯지 않고 돈 걱정 없이 살 수 있도록 비는 것도 모자라 명주실처럼 수명이 길게 해달라고 실타래도 얹었다. 가난한 살림에 귀한 물건들이라도 아까워하기는커녕 많이 놓지 못하는 것을 아쉬워했다. 형편에 따라 큰 그릇이나 됫박으로 쌀을 퍼다 놓은 집도 있지만 대체로 놋그릇에다 정성스럽게 담아놓고 촛불을 밝혔다.

걸립패는 마을 어른들이었다. 몇 해가 지나도 풍물재비는 변화가 없었다. 언제나 상쇠가 여남은 대원을 이끌고 다니며 시간과 순서를 조율하는 지휘자 역할을 담당했다. 다양한 놀이로 신나게 한바탕 놀고 나면 구성지고도 신명 나는 〈성주풀이〉의 비나리가 마지막을 장식했다. 사악한 기운을 막고 경사스러운 기운을 맞이하는 축원을 노래로 풀어갔다. 쇠를 잘 치는 것보다 사정에 맞는 덕담을 속속들이 풀어내야 상위에 돈과 쌀이 쌓여갔다. 속이 후련할 정도로 소리를 하면 곳곳에서 섭외가 들어와 정월 한 달은 바쁘게 불려 다녔다.

비손은 굿과 함께 무속 의례에 속한다. 굿은 노래와 춤이 동반

되는 복잡한 절차와 형식이 따르지만, 비손은 가무 없이 간단히 정성만 올리면 된다. 비나리는 걸립패가 곡식과 돈을 상 위에 받아 놓고 소원성취를 발원하는 고사만을 지칭하지는 않는다. 약한 인간이 신께 의탁하여 축원하는 행위라 굳이 놀이패나 무당이 아니라도 상관없고 형편이 되지 않으면 정화수 한 그릇만 준비해도 문제가 없다. 정해진 형식이나 절차가 없어 주로 안주인들이 두 손을 비비며 주문처럼 읊조렸다.

천지 사방이 신이었다. 인간이 사는 세상이 아니라 신들의 세상이라 할 정도로 신이 많았다. 나무에는 목신이 있고 바다에는 용신이 있고 심지어 바위에도 석신이 있다며 소원을 빌었다. 날마다 떴다 지는 해와 달을 보고도 정성을 다해 비손했다. 지금도 정월 초하루면 해돋이를 본다며 야단법석을 떨고 정월 대보름날에는 달집에 불을 질러 액을 막고 소원을 빈다. 평소에는 미신 운운하다가도 고단한 삶이 숨통을 조여오면 없는 신도 찾아 나선다.

할머니는 성주신을 모셨다. 집안의 길흉화복을 정하는 수호신이라 절대적인 힘이 있다고 믿었다. 별난 음식을 하거나 어디서 차반만 들어와도 상을 차리고 액운을 막아달라고 기도했다. 워낙 엄숙하고 진지한 의식이라 철없는 손자들도 분위기에 눌려 어른들의 눈치를 살피며 침만 삼켰다. 그것도 부족해 여차하면 부엌에다 촛불을 밝히고 들릴 듯 말 듯 작은 목소리로 뭔가를 읊었다.

손자가 배만 아프다고 해도 큰 죄를 지은 것처럼 푸른 핏줄이 도드라진 앙상한 손을 비비며 정성이 부족한 탓이라며 자책했다. 누구에게 무엇을 말했는지 모를 정도로 빠르게 지나갔지만, 불안하고 긴장된 얼굴이 점차 밝아지는 것은 분명히 보였다.

부귀영화를 바라는 것은 아니었다. 늘 식구들이 무사하기만을 기원했다. 병이나 사고는 피해가고 나쁜 일에 휘말리지 않기를 바라는 단순한 안택安宅 고사였다. 역병이 돌아 동네 전체가 사경을 헤매고 홍진과 우질牛疾이 번져 마을이 쑥대밭이 되어도 성주신이나 조왕신에게만 매달렸다. 가뭄이나 홍수 때문에 한 해 농사를 망쳐도 마찬가지였다. 별다른 기술이나 장비가 없어 늘 하늘만 쳐다봤다. 매사 자연에 의지하며 살다 보니 어려움이 닥칠 때마다 고사나 제사로 신의 노여움을 잠재우려 애를 썼다.

인간은 늘 신 앞에 엎드린다. 뭘 잘못했는지 무슨 죄를 지었는지도 모르면서 사세를 낮춘다. 정작 신을 본 적도 없으면서 곳곳에다 신을 만들고 믿으려고 애를 쓴다. 언제부턴지 정확히 알 수 없지만, 자연을 상대하면서 생겨난 나약함의 상징이 아닐까 싶다. 신이 정말 있는 걸까. 의문이 들 때마다 복화술 같은 사설을 엿들었다. 아무리 들어봐도 액운을 막아내고 살煞을 피해가겠다는 다짐 같았다. 자신을 한없이 낮추고 내려놓는 비나리를 듣다 보면 집과 부엌을 지키는 성주와 조왕신은 안주인 자신이었다.

어느새 상쇠가 마지막 액과 살을 걷어낸다. 삼재팔난 관재구설 우환 질병 잡귀 잡신이 물러가니 무겁게 짓누르던 어둠이 사라진다. 구경꾼들도 안도의 한숨을 길게 내쉰다.

제 3 장

사물놀이

사물놀이

가죽의 떨림이 허공을 찢는다. 어둠을 뚫고 울려 퍼지는 태고의 소리가 점차 외연을 넓혀간다. 쇠가죽이 구름을 부르자 쇠재비가 천둥 번개를 치고 장구와 징재비가 세찬 빗줄기와 바람으로 천지를 아우른다. 태초의 소리가 전신으로 전해지면 가빠지는 숨소리나 맥박도 잽싸게 가락을 탄다.

북소리가 칠흑 같은 어둠을 몰아낸다. 불쑥 치솟은 북채가 두꺼운 가죽을 내려치자 무겁게 짓누르던 공연장의 정적이 한순간에 물러간다. 무대에는 오방색으로 치장한 전통 복장의 꽹과리, 장구, 징재비가 석상처럼 앉아있다. 누군가가 천지신명께 한바탕 놀겠다고 고告하자 기다렸다는 듯이 일제히 큰 소리로 받는다.

들릴 듯 말 듯 시작한 느린 장단이 점차 빠른 가락으로 변하자 오방색 천 조각도 회오리바람을 일으킨다.

모두가 무대에 집중한다. 단조롭던 박자가 물살을 타자 떨림과 울림도 결렬하게 뒤엉킨다. 뜨겁게 달아오르는 가락과 장단이 금세 소리의 영역을 넘어선다. 고요한 선율이 잔잔하게 흐르는 서양 음악과는 확연히 다르다. 설움을 이기지 못하고 앙가슴을 치듯 감정의 물결을 타고 신들린 듯 두드리고 치고 막는다. 신명이 나면 거칠고 빠른 장단이 되었다가 힘이 들면 언제 그랬냐는 듯 잦아든다. 다시는 악기를 잡지 않을 것처럼 마지막 남은 영혼마저 털어낸다.

본래 사물四物은 법고 · 운판 · 목어 · 범종이었으나 지금은 꽹과리 · 징 · 장구 · 북이 먼저 떠오른다. 아직도 사찰에서는 금속과 가죽, 나무로 만든 사물을 사용하고 있지만, 농사꾼들의 희로애락을 담은 농악용 사물은 다르다. 정초만 되면 액운을 물리친다며 지신을 밟고 자손들의 무탈을 기원하는 비나리가 동네마다 울려 퍼진다. 삶의 고달픔을 달래는 농악은 딱히 정해진 틀이 없다. 삶의 터전과 방법이 같지 않다 보니 정서나 가락이 다르다. 놀이 문화는 자생적으로 생겨나는 것이라 지역 특성이 잘 녹아 있다.

무대 예술로 변한 것은 반세기도 되지 않는다. 새마을 운동과 공업화가 전국을 휩쓸고 나라가 활기를 되찾을 때 〈사물놀이〉 연주단이 창단되었다. 원년 구성원들은 유년 시절부터 남사당패에서 기량을 익힌 당대 최고의 젊은 농악연주자들이었다. 천재적인 소질을 바탕으로 체득한 사물의 음악적 특성을 무대 공연에 적합한 형식으로 재탄생시켰다. 각양각색의 선율과 장단은 물론 독특한 타법을 개발하고 체계화했다. 질시와 반목 속에서 어렵사리 열린 첫 무대 공연은 대성공이었다. 끝나자마자 관객들과 악공이 얼싸안고 환희의 눈물을 흘렸다. 새로운 무대 예술의 한 장르가 탄생하는 순간이었다.

어느새 휘모리장단으로 들어선다. 땀방울을 흩날리며 천지의 기운을 다 쏟아낸다. 구천을 떠도는 혼을 부르고 처절하게 절규하듯 놋쇠와 가죽을 두드린다. 무아지경을 지나 신의 영역으로 들어선 듯 쉴새 없이 가락을 이어간다. 마치 산 자와 죽은 자의 영혼을 하나로 만들고 세상의 모든 번뇌와 갈등을 일시에 소멸시킬 듯이 거세게 몰고 간다. 힘찬 파동이 꾹꾹 눌러 두었던 가슴 속 덩어리를 파고들자 맥박이 빨라진다. 생동의 소리가 주체할 수 없는 신명과 어울려 한바탕 굿을 벌인다.

징재비가 꽹과리를 잡자 부쇠가 상쇠를 찾아간다. 학수고대하며 기다린 만큼 조심스럽게 다가간다. 적절한 소리로 간을 보며 한동안 서로를 탐색한다. 온갖 기교를 다 부리며 서로를 알아간다.

치고 막고, 막고 치는 접지는 물론이고 자신들만의 가락과 타법으로 서로를 확인한다. 몇 번 장단을 주고받던 상쇠와 부쇠가 짝두름을 시작한다. 뜬쇠의 고음이 낮은음을 휘감는가 싶으면 잡힐 듯 빠져나가고 나갔다 싶으면 가까이 다가선다. 잡힐 듯 잡히지 않고 잡을 듯 잡지 않아도 어느새 서로의 품에서 논다. 선율이 끊임없이 변하면 공연은 절정으로 치닫는다. 악기와 악공이 물아일체가 되면 관객들의 추임새도 하나로 뭉쳐진다.

떨림이 허공으로 솟구친다. 시공에 얽매이지 않고 끝없이 뻗어간다. 하늘이 돌고 은하수가 물결친다. 크고 작은 무수한 별들이 물결을 이루며 회돌이 치자 거대한 은하계도 풍차처럼 돌기 시작한다. 가락이 격류를 이루자 끝을 알 수 없는 검은 하늘에는 형용할 수 없는 빛의 향연이 벌어진다. 악공의 움직임을 따라 관객의 심장 박동도 점점 빠르게 소용돌이친다. 타점 하나도 놓치지 않겠다는 듯 오직 청각과 시각에만 몰입한다.

무정형 가락이 이어진다. 미리 정해진 곡이 없어도 장단으로 소통한다. 입신의 경지에 든 연주자들은 추임새가 끼어들 틈도 주지 않고 천상의 선율로 공간을 채운다. 신들린 사람처럼 오직 영감에 의존한 변주로 끌고 간다. 자신을 송두리째 몰아넣고 인간이 범접할 수 없는 신의 영역까지 넘본다. 인간의 번민과 소리의 갈등이 불길에 휩싸이자 영원히 빠져나가지 않을 것 같은 누름돌도 우주의 소리에 쓸려간다.

예술의 세계는 끝이 없다. 평생 득음에 매달리는 소리꾼처럼 악공들도 마찬가지다. 누구도 흉내 낼 수 없는 음악적 세계를 추구하지만 끝내 도달하지는 못한다. 진정한 예인은 정해진 틀에 얽매이거나 청중의 기호를 좇아가지 않는다. 정처 없이 떠도는 집시처럼 끝없이 유랑하며 누구의 발길도 닿지 않은 새로운 세계를 추구한다. 전신의 고통과 떨림이 만든 죽음보다 깊은 영혼의 소리가 공연장 전체를 무중력 상태로 몰고 갈 때까지.

격랑의 소리가 정적에 든다. 영원할 것 같던 연주가 끝나자 경련을 일으키던 꽹과리가 방향을 잃고 핑그르르 돈다. 마지막 소리가 성운을 향해 떠나자 공연장은 다시 어둠과 정적에 휩싸인다.

<살풀이춤> 액을 막다

소복 하나가 어둠을 뚫고 다가온다. 미끄러지듯 빠르게 움직이는 춤꾼의 얼굴이 창백하다. 무표정한 눈길이 어디를 향하는지 긴 눈썹 속의 물기 어린 눈망울만 가끔 불빛에 반짝인다. 여인의 소맷자락이 허공을 가를 때마다 하얀 명주 수건이 불꽃처럼 펄럭인다.

〈살煞풀이춤〉 공연을 보러 갔다. 캄캄한 무대에 한 여인이 다소곳한 자세로 서 있다. 조명이 밝아지자 여인의 검은 쪽머리에서 윤기가 흘러내린다. 아쟁과 대금의 애절한 소리가 장구 장단과 어울리자 천천히 움직이기 시작한다. 한 손으로 치맛자락을 움켜쥐고 천천히 몸을 돌리니 추녀 같은 버선코가 따라 올라간다.

활발한 춤사위 대신 부드러운 천을 따라가는 지극히 감정이 절제된 춤이지만 관객의 시선은 펄럭이는 수건을 놓지 못한다. 감은 듯 뜬눈은 가끔 치맛자락을 헤집고 나타나는 버선코만 내려다본다.

살풀이는 사람을 해치는 모질고 독한 기운을 푸는 춤이다. 무속음악인 시나위 장단이지만 추상적이라 종교적인 의미는 가지지 않는다. 부드러운 천을 들고 살풀이장단에 맞춰 추는 춤이라 조선말기 춤꾼 한성준이 이름을 붙였다. 즉흥성을 가장 잘 살려낸 〈살풀이춤〉은 무용수에 따라 차이가 많은 전통춤이다. 경기와 호남지방에서 계승되어온 춤이 일제강점기에 굿이 금지되자 일부 무당들이 춤사위를 다듬어 예술성을 갖추었다.

흰 치마저고리가 곡선을 긋는다. 가슴속 사연을 날려 보내기라도 하듯이 부드럽고 하얀 수건을 허공에 펄럭인다. 잔잔한 물결처럼 가볍게 움직이다가도 폭포가 되어 급하게 요동치고, 도는가 싶으면 멈추고, 머무는가 싶으면 또 돌아서는 정중동, 동중정의 절제된 춤사위로 이어진다. 손목을 꺾을 때마다 천천히 들어 올린 긴 수건이 허공에서 펄럭인다. 터질듯한 감정을 억제하면서 끝까지 관객과 호흡을 같이한다. 춤동작이 커지자 지켜보는 관객의 마음은 점점 더 처연해진다.

대학 축제 때 병신춤으로 유명한 공옥진 여사의 〈살풀이춤〉을 보았다. 치맛자락을 잡아당겨 허리에 질끈 묶은 구부정한 모습은 어느 시골 아낙의 모습이었다. 화려한 치장도 분장도 없는 민낯에 단정하게 빗어 넘긴 쪽머리는 시골 할머니 같았다. 〈살풀이춤〉은 독무였다. 흰 옷고름에 흰 명주 수건을 손에 든 채 무악의 반주에 따라 맺고 어르고 푸는 동작을 반복했다. 무당의 〈살풀이춤〉 같다가도 판소리꾼의 발림을 위한 부채춤 같기도 했다. 구불거리는 손끝을 따라 수건이 춤을 추고 온몸을 비틀며 걸어가다 쓰러지는 모습은 고단한 삶, 그 자체였다. 혼신의 힘을 모아 몸을 꼬고 비트는 춤 앞에서 누구도 웃을 수가 없었다. 무대가 없는 운동장이라 춤꾼의 표정은 물론이고 숨소리까지도 온전히 전해졌다.

춤으로 살을 풀려고 했다. 수건으로 고를 틀고 푸는 동작을 반복하더니 팔을 크게 벌려 몸으로 고를 매려는지 원을 그렸다. 기교가 많지 않은 투박하고 단순한 디딤새로 희로애락의 감정을 나타냈다. 〈살풀이춤〉은 원혼을 달래는 처절한 몸부림 같았다. 다소곳한 자세와 꼭 다문 입술의 무표정한 얼굴에는 비장함이 서려 있었다. 느린 살풀이장단의 애조 띤 가락이 점점 빨라져 자진살풀이장단에 이르자 온몸이 결렬하게 반응했다. 자진 굿거리 장단이 가락의 변화를 완화 시키자 춤동작도 물 흐르듯 자연스러웠다. 애절함이 승화된 용틀임 같은 춤사위가 전율이 되어 가슴으로 번졌다. 한바탕 거세게 몰아치던 폭풍이 지나가자 날아갈

듯 펄럭이던 명주 수건도 조용히 본래 자리로 돌아갔다.

형용할 수 없는 살풀이장단의 여운은 길었다. 춤판이 끝나도 쉽게 자리를 뜰 수가 없었다. 언제 어떻게 다가올지도 모르는 액운을 과연 막을 수 있을까. 누구도 알 수 없는 액을 미리 막을 수 있다면 돈 많고 높은 사람들은 수단과 방법을 가리지 않고 춤꾼이나 무당을 불러 액운을 막으려 했을 것이다. 가난한 사람도 바람은 다르지 않지만 할 수 있는 것이 없어 비손으로 대신하지 않았을까 싶다. 뭔가에 의지하고 싶은 인간의 나약함 때문에 신의 영역인 줄 알면서도 틈만 나면 넘겨다 본다.

정초 지신밟기 〈액막이타령〉도 같은 맥락이다. 정월 대보름날이면 동네 어른들이 풍물패를 만들어 지신을 밟는 놀이였다. 농악 소리가 골목을 돌면 정성껏 상을 차려 놓고 사립문 밖에서 순서를 기다렸다. 집안의 길흉화복을 판단한다는 부엌의 조왕신을 비롯해 여러 신에게 한 해가 무사하게 지나가기를 비는 노래를 불렀다. '어루 액이야 어루 액이야'로 시작되는 굿거리장단이 오방신장을 불러내면 바로 빠른 자진모리장단으로 넘어간다. 조왕굿은 생명을 유지하는 요리장을 달래기 위한 노래라 메기는소리와 받는소리가 풍물 소리와 어울려 경쾌하게 이어진다. 여러 사람이 패를 지어 각처로 돌아다니며 풍악을 치고 돈이나 곡식을 걷는 일종의 걸립놀이였지만 액막이굿이었다.

오래전 전염병이 창궐할 때였다. 객지 생활을 하던 큰형님이 사경을 헤매다 대문을 들어섰다. 약 달이는 냄새가 가시기도 전에 할아버지께서 앓아누웠다. 침울한 분위가 집 전체를 짓눌렀다. 웃음은 사라지고 말도 마음대로 할 수 없는 무거운 분위기가 계속되었다. 추운 겨울이 지나고 봄기운이 돌 무렵에야 겨우 몸을 추스르고 자리보전에서 벗어났다. 이번에는 아버지께서 이어받았다. 전과는 다르게 급속하게 병세가 위중해지더니 급기야 말문을 닫았다. 의사전달은 겨우 알아볼 수 있게 적은 글씨뿐이었다. 정성을 다했지만, 병세는 좀처럼 차도가 없었다.

안택굿을 하기로 했다. 집안의 터주를 위로하는 정도라 할아버지께서 허락했다. 삼대가 대병을 돌려가며 앓는 바람에 어쩔 수 없는 선택이었다. 작두날을 타거나 요란스럽게 대나무를 흔들어대며 혼을 불러내는 그런 큰 굿은 아니었다. 타지를 전전하며 굿을 하는 전문적인 무당도 아니었다. 작은 상에다 음식을 차려 놓고 밤새도록 징과 북을 치면서 긴 주문을 외워댔다. 절대자의 비위를 건드리지 않고 소박하게 살겠으니 액이 들지 않게 해 달라는 일종의 부탁 같았다. 어머니는 무당이 시키는 대로 집 구석구석을 돌아다니며 죄인이 되어 비손했다.

물에 빠져 죽은 사람의 혼을 불러내는 큰 굿을 보러 갔다. 물가에다 굿판을 차려 놓고 종일 장구와 징을 치며 혼을 찾았다. 무당은 오방색 옷자락을 펄럭이며 부채와 대나무를 흔들어댔다. 신이 내렸다며 펄쩍펄쩍 뛸 때는 하얀 버선코도 함께 사뿐사뿐 춤을 추었다. 어느 순간 닭 두 마리를 물에다 던져 넣더니 격하게 춤을 추며 혼을 불렀다. 한참 후에 끌려 나온 닭을 보고 마치 죽은 사람이 살아온 것처럼 통곡하면서 혼이 빙의된 것처럼 공수를 전했다. 여기서도 산자는 모두가 죄인이었다. 구경꾼들의 흐느끼는 소리가 물결을 이루자 혼을 달래는 진혼곡을 굿 장단에 실었다.

〈살풀이춤〉이 드디어 한을 풀어낸다. 누르고 참았던 애절한 구음이 흘러나오자 펄럭이던 수건이 바닥에 떨어지고 춤꾼이 온몸을 흔들며 쓰러지듯 바닥에 내려앉는다. 쉽게 떠날 수도 없는 자신의 처지를 받아들일 수밖에 없는 건지 바닥에 주저앉은 몸이 불꽃처럼 요동을 친다. 바닥을 휩쓸 듯이 온몸을 휘젓다가 팔을 길게 뻗어 천천히 수건을 집는다. 벗어날 수 없는 현실을 인정이라도 하듯 수건을 잡고도 선뜻 일어서지 못한다. 흔들리는 몸짓에는 번뇌와 갈등이 묻어난다. 삶의 굴레를 벗어버리려는지 다시 하얀 수건이 허공에 펄럭인다.

지금도 곳곳에서 간절한 기도를 올린다. 꼭 부귀영화를 바라거나 권력에 관심을 둔 것은 아니다. 매 순간 일어나는 복잡한 현실에 불안해하며 지성을 다할 뿐이다. 살면서 액이나 살을 아주

피할 수는 없다. 태풍 같은 액운이 한꺼번에 몰려와도 받아들이고 삭혀야 한다. 어떤 힘으로도 거부하거나 저항할 수 없기에 절대자인 신에게 의지하고 위안을 받으려 한다. 신을 맞이하고 돌아서는 것은 별로 중요하지 않다. 누구도 감당할 수 없는 모질고 독한 화기를 풀어내고 싶을 뿐이다.

수의 같은 흰 수건이 깃털처럼 사뿐히 내려앉는다. 실타래처럼 엉켜있던 액운이 허공으로 사라진다. 비로소 가슴 졸이며 모아두었던 한숨을 길게 내어 쉰다.

잘 가시오

어스름이 깔리자 삼현육각이 자리를 잡는다. 제주祭主가 조심스럽게 향불을 피우고 재배를 올린다. 불꽃도 없는 향불이 토해낸 한줄기 검은 연기가 허공을 향해 요동을 친다. 무수한 별들이 하나둘 모습을 드러내자 망자의 영혼을 싣고 온 향내가 넓은 공간으로 천천히 퍼져 나간다.

굿거리장단이 정적을 깬다. 하얀 모자에 소복 차림의 무당이 종이꽃을 들고 사뿐사뿐 걸어 나오자 어수선한 분위기가 정리되고 시선이 집중된다. 징소리를 따라 잔잔하게 울려 퍼지는 시나위 가락이 들릴 듯 말 듯 한 구음을 불러낸다. 언제 시작되었는지도 모르는 나지막한 목소리가 빠르게 장단을 파고든다. 주술 같은 소리라 알아들을 수도 없지만, 악공들은 후렴으로 호흡을 맞춘다. 지난至難한 삶이 불러온 번민과 고통이 혼을 부르는 굿거리장단에 녹아든다.

〈진도씻김굿〉은 중요 무형문화재 제72호로 남도의 전통적인 장례 의식이다. 영결식장에는 통곡 소리만 있는 것이 아니다. 출상 전날 밤 노래와 춤과 재담으로 상주의 슬픔을 덜어주는 다시래기 놀이도 있다. 씻김굿은 전통적으로 내려오는 노래와 춤이 굿의 형태를 빌어 종교적인 의례로 이어져 내려오는 특별한 고별식으로 망자와 자손들을 동시에 위로한다. 이승에서 맺혔던 원과 한을 풀어주고 혼백이 구천을 떠돌지 않고 극락왕생하도록 길을 닦는 것으로 끝을 맺는다.

굿거리장단이 끝나자 중모리장단의 지경 다지기가 이어진다. 씨앗을 뿌리고 수확하는 농부가처럼 경쾌한 가락으로 집을 짓기 위한 터부터 다신다. 상여를 이끄는 선소리꾼처럼 당골이 소리를 메기면 남은 사람들이 후렴을 받아준다. 집안의 안녕과 발복을 기원하고 나면 엇모리장단으로 천지인이 근간인 성주신을 읊조리듯 노래한다. 땅을 다지고 집을 짓고 성주에게 알린 다음 자손의 부귀영화를 축원하는 덕담으로 이어진다. 살아 있는 사람에 대한 소리가 끝나야 본격적인 망자의 굿이 시작된다.

한바탕 신명 나게 춤사위를 이어가던 무당이 소리를 멈추자 악공들도 휴식을 취하려고 자리에서 일어난다. 열기가 멈춘 굿판 속으로 찬 기운이 스며든다. 미처 승천하지 못한 이슬이 비처럼 밤공기를 적신다. 농담을 달리하며 병풍처럼 둘러섰던 검푸른 산들이 모습을 감추자 별이 총총한 하늘로 향하던 향불도 잠시 쉰다. 악기만 남은 텅 빈 무대를 바라보는 관객들은 초점 잃은 시선으로 상념에 잠긴다.

든 자리는 몰라도 난 자리는 표가 난다. 물이 빠져나간 자리에 펼쳐지는 개펄을 보고 있으면 허기가 밀려오고 뒤란의 감나무만 없어져도 한동안 가슴이 허전하다. 가족이 떠난 빈자리는 애절함을 넘어 지울 수 없는 상처로 남는다. 시간이 지나면 잊히겠지 싶지만, 잊을만하면 찾아드는 밀물처럼 뜬금없이 다가와 가슴을 후벼판다. 잊으려 애를 쓸수록 흘러내린 진물이 앙금으로 쌓여간다. 세월의 고통이 엉겨 붙은 옹이가 마른 가슴을 파고들면 밤잠을 설칠 때가 많다.

세월이 흘러도 퇴색되지 않는다. 지우려 애를 써도 소용없고 누름돌로 눌러도 가라앉지 않는다. 수호신처럼 지켜주고 도닥여주지 않아도 지나온 사연만 떠오르면 설움이 복받친다. 육신이 떠나고 없어도 남은 기억이 족쇄와 덫이 되어 가슴을 옥죄는 아픔으로 밀려온다. 빗물에 씻기고 바람에 흩날리다 보면 점점 퇴색되고 희박해질 줄 알지만, 이별의 흔적은 지워지지 않고 상흔으로 남는다.

엄지를 치켜세우던 어머니도 마찬가지였다. 단가 〈사철가〉가 끝나면 언제나 아들의 얼굴을 뚫어지게 쳐다봤다. 한참을 뚫어지게 바라보다 긴 한숨을 내쉬며 가사가 가슴을 저민다고 했다. 늘 잘한다는 칭찬과 함께 제목이 뭐냐고도 물었다. 갈 때마다 들려줘도 묻는 말은 한결같았다. 방금 듣고 또 들려줘도 처음 듣는 것처럼 대견스러워했다. 한 소절이 끝나기도 전에 기억에서 사라질 줄 알지만, 갈 때마다 들려드렸다. 뼈마디가 앙상하게 도드라진 핏기없는 손으로 회갑을 넘긴 아들의 얼굴을 만지며 누가 낳았는지를 또 물었다. 약간은 쑥스러운지 대답을 하기도 전에 눈이 보이지 않을 정도로 환하게 웃었다.

이제는 얼굴을 만져줄 사람이 없다. 어설픈 소리지만 엄지를 치켜세우며 미소를 짓던 모습도 찾아볼 수가 없다. 큰 무대에서 제대로 한번 들려주려고 열심히 갈고 닦았는데 허사가 되고 말았다. 너무 늦게 소리 공부를 시작했다는 생각이 들 때마다 아쉬움은 배가 된다. 지금도 여전히 배우고 있지만, 분명하던 목표가 없어졌다. 굳이 큰 무대가 아니라도 어머니를 모시려고 부지런히 준비했건만 물거품이 되었다.

지금은 〈씻김굿〉을 배운다. 생전에 들려주지 못했던 소리는 접고 영전에 바칠 수 있는 노래를 배운다. 몇 달째 배우지만,

사설이 길고 장단이 복잡해 여간 어렵지 않다. 시김새가 많아 외우기 어렵고 구음과 후렴이 다양해 수없이 듣고 따라 해도 어색하기만 하다. 사설과 장단이 바뀔 때마다 정확한 소리를 내지 못하고 약간은 주춤거린다. 남도의 발음이 입에 붙지 않아 진한 맛은 물론이고 한도 잘 묻어나지 않는다. 시간이 걸려도 기둥을 세우고 서까래부터 놓는다. 가끔 목청이 수리성에 가깝다는 소리를 들을 때면 나도 모르게 등줄기가 오싹할 정도로 단전에 힘이 들어간다. 질곡의 세월 속에서도 자식 바라지에 몸을 아끼지 않은 어머니를 생각하며 굽이굽이 맺힌 사설과 가락을 한 대목씩 익혀 나간다. 언젠가는 도달할 수 있으리라 믿으며 시김새를 얹고 한을 담는다.

영돈말이가 이어진다. 고인의 옷을 돗자리로 돌돌 말아 열두 매끼로 고정하고 윗부분에 놋그릇과 솥뚜껑을 얹어 사람의 형상부터 만든다. 시신을 나타내는 영돈에다 물을 뿌려 깨끗이 목욕시킨다. 씻김은 이슬 털기라고도 하며 이슬처럼 맺혀있는 원과 한을 씻겨 줘야 극락왕생할 수 있다고 믿는 굿판의 눈대목이다. 먼저 이승과 저승을 연결하는 향물로 혼을 불러내고 쑥물로 잡귀잡신의 침범을 막고 나면 맑은 청계수로 맺힌 한을 깨끗이 씻어낸다. 이승에서 맺었던 인연과 고뇌를 이슬처럼 털어 내고 나면 떠날 준비를 한다.

안방에서 마당으로 길게 무명베가 펼쳐진다. 이승과 저승을 연결하는 길베를 양쪽에 고정하면 무당들이 영혼을 담은 넋당석[龍船]으로 저승길을 만든다. 애절한 삼장개비장단과 진한 계면조로 길을 닦아 천상으로 가지 못한 망자의 응어리지고 맺혔던 한을 갖가지 춤과 노래로 승화시켜 저승으로 인도한다. 길을 따라 천천히 움직이던 용선이 속도를 더해가고 구슬픈 가락과 곡소리가 급물살을 타면 굿판은 절정으로 치닫는다.

넋을 실은 용선이 천궁에 닿자 날이 밝는다. 영혼을 떠나보내는 굿판이 종착역을 향하면 밤을 새운 향불도 꼬리를 자르고 조용히 사위어 간다. 무당도 악공도 모두가 일어나 떠나가는 망자를 향해 머리 숙이며 나직이 그리고 길게 제창한다.

“자 알~ 가시오~”라고.

단가 <추억>

훅 빨려들었다. 앞뒤 생각할 겨를도 없이 소리의 소용돌이에 말려들었다. 세상을 집어삼킬 듯이 울부짖는 격랑이나 닥치는 대로 들이받는 격류는 아니었다. 겉으로 드러나지 않지만 무한한 힘으로 밀고 내려가는 장강의 물줄기처럼 힘이 넘쳤다. 담담하게 시작하는 단가의 첫 소절부터 허우적거릴 틈도 주지 않고 단숨에 시선을 끌어모았다.

우연히 TV채널을 돌리다 눈이 번쩍 뜨였다. 판소리명창 서바이벌 광대전廣大戰이 펼쳐졌다. 중진 명창 열 명이 실력을 겨루는 수준 높은 프로그램이었다. 늘 봐왔던 것처럼 자신이 좋아하는 노래만 부르는 단순한 공연이 아니었다. 주어진 시제에 따라 시를 짓는 경연처럼 매번 주최 측이 준 주제에 따라 소리를 하는 판소리 경연대회였다. 출연자 모두가 대통령상을 받았던 실력자라 심사위원도 대학교수, 명창과 귀명창으로 구성해 다양한 각도에서 평가하는 보기 드문 공연이었다.

첫 무대부터 만만치 않았다. 각자의 기량을 마음대로 펼쳐 보라는 듯 주제가 없는 자유곡이었지만 열 명 중 네 명이 탈락하는 치열한 관문이었다. 산전수전 다 겪은 최고의 명창들도 발표를 앞두고 긴장하기는 마찬가지였다. 지나치게 연습을 많이 했는지 목을 보호하느라 물을 마시거나 성대를 아끼느라 말수를 줄이는 모습도 보였다. 자존심과 명예가 걸려 있는 대회라 앉은 자세만 봐도 최선을 다하겠다는 결연한 의지가 느껴졌다. 한옥을 배경으로 넓은 마당에서 펼쳐지는 첫 번째 소리는 심청가 중 심봉사 눈뜨는 대목이었다. 북장단을 농락하던 소리꾼은 청중들의 긴장이 풀어질 무렵 즉흥적인 가사로 시선의 이탈을 막아냈다. 소리판의 분위기를 조였다가 풀고 풀었다가 조이는 노련함에 관객들은 추임새로 화답했다.

두 번째 관문은 진검승부 판소리 단가短歌였다. 허두가虛頭歌라고도 불리는 단가는 광대가 소리를 시작하기 전 목을 푸는 짧은 노래다. 단순히 목청만 다스리는 것이 아니라 공연장 분위기와 관객들의 수준을 파악하고 새로운 환경에 적응하는 과정이기도 하다. 가사는 주로 충효, 인생무상, 자연의 아름다움 등을 담고 있으며 시詩에다 곡을 붙인 경우가 많다. 장단이나 곡조도 무리하지 않고 평범한 중모리장단의 평조가 대부분이지만 가끔은 엇중모리장단이나 슬픈 계면조로 부르기도 한다. 판소리 입문 과정에서 필수적으로 거치는 기본과목인 단가는 독립된 장르로 점차 자리매김하고 있다. 한때는 〈호남가〉를 비롯해 〈강상풍월〉·〈사철가〉·〈적벽부〉 등 오십여 곡이었으나, 지금은 십여 곡이 즐겨 불린다.

첫 곡은 〈적벽부〉였다. 송나라 소동파가 항주에 유배되었을 때 적벽에서 놀다 지은 시로 뱃놀이의 즐거움과 삼국시대의 적벽대전을 회상하며 인생무상을 노래한 단가다. 한시漢詩를 그대로 인용한 부분이 많아 가사 이해가 다소 어렵지만 굵직한 목청과 발림 등이 어우러져 좌중을 압도하는 정통소리의 진수를 보여주었다. 두 번째 출연자도 같은 곡을 자신만의 더늠으로 공력을 과시했다. 이어서 소리하는 사람이면 누구나 즐겨 부르는 〈사철가〉를 남녀 명창이 서로 다른 곡조로 이어갔고 다음 곡은 〈추억〉이었다.

한 번도 들어본 적이 없는 단가다. '앞산도 첩첩하고 뒷산도 첩첩헌디 혼은 어디로 행하신가' 첫 소절이 끝나기도 전에 정신이 번쩍 들었다. 구슬픈 아쟁과 대금 소리를 앞세운 중모리장단의 계면조 소리가 가슴을 파고들었다. 첩첩 산골의 처연한 정경이 그대로 그려졌다. 바람 소리마저 정적에 묻혀 버린 깊은 산중에 홀로 남은 영혼의 외로움이 절로 연상되었다. 잔잔한 발림이나 지그시 눈을 감은 소리꾼의 모습에서 애절한 감정이 저절로 전해졌다. 혼을 부르는 무가처럼 구성진 목소리가 가슴을 아리게 하는 아쟁 소리와 겹칠 때마다 처절함이 더해졌다. '황천이 어디라고 그리 쉽게 가려는가' 하는 대목에서는 소리를 감상하는 청중이 아니라 창자에 빙의하여 가사를 따라갔다.

첫 소절이 끝나기도 전에 뜨거운 기운이 울대를 타고 울컥 올라왔다. '그렇게 쉽게 떠날 줄 알았으면 차라리 오지를 말지 왜 정만 남겨두고 가버렸냐'는 가사에서는 감정을 추스를 수가 없었다. 먼저 떠난 형님들 때문이었다. 늘 마음속으로 혼자서 되뇌던 말을 소리꾼이 구성진 목청으로 이어가자 누르고 눌러 누었던 삼성이 되살아났나. 가는 곳이 어딘지나 알고 가는지를 염려하는 마음과 남은 사람이 평생 가슴에 담고 가야 할 그리움과 아쉬움을 혼잣말처럼 늘어놓자 마당을 가득 메운 관객들의 표정도 점점 무겁게 변해갔다. 단지 입에 올리지 않을 뿐이지 그런 사연 하나쯤 없는 사람이 어디 있겠는가 싶었다.

기어코 두 볼을 타고 뭔가가 쭈르륵 흘러내린다. 정지된 화면처럼 미동도 하지 않고 바라보고 있지만, 빨라지던 심장 박동이 눈물샘을 자극한 것이다. 강산이 변할 정도로 흐른 세월이 무색하리만치 주체할 수 없는 감정이 요동친다. 두 눈을 지그시 감고 '어느 곳에서 만나 보리오 무정하고 야속한 사람아'를 외칠 때는 관객은 물론이고 대기실 출연자들의 표정도 무겁게 변했다. 첩첩 산중에 홀로 남은 누군가의 영혼을 위로하는 노래지만 남의 이야기가 아니었다. 상청과 하청을 넘나들며 심금을 울렸던 소리는 '보고 지고 보고 지고 님의 얼굴이 보고 지고'로 끝을 맺었다. 노래는 끝났지만 울컥거리던 심장은 한동안 진정되지 않았다.

지금도 가끔은 〈추억〉을 북장단에 태운다. 광대전을 보고 혼자 연습하다가 정식으로 배웠다. 시김새가 많아 섣불리 흉내조차 내기 어려웠다. 더 힘들었던 것은 시작할 때마다 북받치는 감정 조절이었다. 마음을 가라앉히고 나서야 제대로 소리를 배울 수가 있었다. 사설과 비슷한 사연이 가슴에 남아 있어 그런지 감정이입 과정을 별도로 가지지 않아도 쉽게 빠져들었다. 지금도 첫 소절을 시작하면 지명을 넘기고 먼저 떠난 큰형님과 이순을 넘기자마자 큰형님을 따라간 작은형님의 얼굴이 어김없이 다가온다. 언제쯤 숨 죽고 빛바랜 아련한 추억이 될는지. 오늘도 퇴근길 차 안에서 혼자 흥얼거린다.

또랑광대

광대는 연극이나 곡예, 판소리를 업으로 하는 예술인을 말한다. 소리광대는 창을 위주로 하는 소리광대, 아니리와 재담을 위주로 하는 아니리광대, 용모와 발림 등 연극적인 개념을 중시하는 화초광대 등으로 나눈다. 그중에서 소리광대를 단연 으뜸으로 치고 아니리광대를 가장 낮게 평가한다.

소리광대는 갖추어야 할 요건이 있다. 신재효 선생은 광대가 廣大歌에서 인물, 사설, 득음과 너름새를 들었다. 많은 관객을 상대하려면 무엇보다 인품부터 갖추어야 하고, 사설 내용을 관객들에게 정확하게 전달해야 하며, 충분한 성량으로 막힘없는 소리를 자유롭게 내고, 자연스러운 표정과 몸짓으로 시각적인 효과도 낼 수 있어야 진정한 광대라고 했다. 이것은 지금도 소리꾼의 필수 요건으로 지켜지고 있다.

역량이 조금 부족한 소리광대를 또랑광대라 한다. 절대적인 실력이라기보다는 명창과 구분하는 상대적인 말이지만, 여러 고장을 돌아다니지 않고 주로 한 고을에서만 행세한다. 달인의 경지에 오른 소리꾼보다 못하다는 말이지 기본기가 없다는 것은 절대 아니다. 도도한 강물이나 힘찬 폭포수처럼 소리를 하지는 못해도 일반 청중들은 명창과 구분하기 힘들 정도로 실력이 탄탄하다. 작은 도랑이라고 물이 흐르지 말라는 법은 없다. 시원찮은 또랑광대라 해도 소리를 업으로 삼고 제자도 양성하는 소리꾼임에는 틀림이 없다.

대학 새내기였을 때다. 축제 때 과별 농악경연이 있다면서 단원을 모집했다. 추천을 받아도 간단한 실기 시험을 치렀다. 체구가 비슷한 네 사람을 지목하더니 장구를 배우라고 했다. 그날부터 전문 강사를 불러 장단을 배웠다. 전문 강사라 해도 무용학원의 젊은 무용수 정도였다. 경연을 며칠 앞두고 판소리학원을 찾아갔다. 머리가 희끗희끗한 고수가 불혹을 갓 넘긴 듯한 소리꾼의 판소리에 장단을 맞추고 있었다. 힘찬 목청과 북소리가 어찌나 잘 어울리는지 숨이 멎는 것 같았다. 구성진 그 소리가 돌아오는 내내 귀울림처럼 귓가에 맴돌았다.

농악 경연대회가 끝나고 다시 찾아갔다. 문을 열자마자 대금 소리가 복도에 울려 퍼졌다. 가슴을 파고드는 끊어질 듯 이어지는 소리에 매료되어 다가갈 수가 없었다. 대금 연주가 끝날 때까지 얼어붙은 듯 복도에 서 있었다. 문을 열자 왜 또 왔냐는 듯이 의아한 눈길로 쳐다봤다. 판소리를 듣고 싶어 왔다고 하자 앉으라고 했다. 수업이 시작됐다. 약간 쉰 듯한 목청이 끝 모르고 올라가더니 폭포수처럼 떨어지며 북장단과 어우러지기를 반복했다. 몇 장단을 가르치고는 수업을 끝냈다. 훗날 알아보니 그 판소리는 〈춘향가〉 중 '사랑가'였고 소리를 가르치던 선생은 명창이 되어 있었다.

판소리는 늪이다. 한번 발을 들여놓으면 쉽게 빠져나가지 못한다. 평생을 배우고 연마해도 끝이 없다. 모든 예술이 그렇듯이 확실한 정석도 없다. 광대를 천시하던 조선 중기만 해도 판소리는 세습 무당의 자식들이 이어갔다. 판소리가 체계화되고 공연 문화가 자리를 잡자 배우려는 사람이 늘어났다. 한 번 빠지면 쉽게 발을 뺄 수 없다는 것을 한참 후에야 알았다. 뻔히 알면서도 누군가는 오늘도 그 길을 답습한다.

이순을 앞두고 단가 〈사철가〉를 들었다. 인생을 계절의 변화에 비유한 가사가 예사롭지 않았다. 어려운 한문체도 아니고 그렇다고 지나치게 가볍지도 않았다. 배우고 싶은 마음에 수백 번을 들었다. 유행가나 서양 음악처럼 쉬이 따라 할 수 있는 것이 아니었다. 오래 듣다 보니 억지로 흉내는 낼 수 있어도 깊이가 없었다. 더 늦기 전에 배워야겠다고 생각했다. 명창이 되거나 소리를 업으로 삼는 소리꾼이 되려는 생각은 눈곱만큼도 없었지만 더는 미룰 수가 없었다.

판소리 선생을 찾아갔다. 새로운 세상을 경험해보고 싶었다. 처음에는 원치도 않았던 장구 장단에 민요부터 배웠다. 쉽다고 생각했던 노래였지만 맛깔나게 따라 부르기는 어려웠다. 정작 배우고자 했던 판소리는 몇 달이 지나고 나서야 시작했다. 악보도 없이 가사만 보고 배우려니 답답했다. 소리를 배우는 것이 아니라 마음을 단련하는 수련장 같았다. 장단과 시김새를 동시에 밀고 나가는 날에는 무엇을 배웠는지 기억도 잘 나지 않을 정도로 힘들었다. 돌아올 때마다 사서 고생한다는 생각이 들어도 또 찾아갔다.

몇 해가 지났지만 겨우 북장단에 소리를 태우는 정도다. 지금도 북을 마주하며 소리꾼의 흉내를 낸다. 추임새를 넣는 관객도 없고 화려한 조명도 없지만, 나에게는 늘 앉은 자리가 공연 무대가 된다. 그곳에만 가면 기를 모으고 소리를 토해낸다. 설사 청이 갈라지고 찢어져도 상관없다. 잠시나마 쌓였던 삶의 찌꺼기를 거리낌 없이 뱉어낸다. 정신없이 소리를 지르다 보면 도달할 수 없을 것만 같았던 상청이 술술 나올 때도 있다. 한 대목도 제대로 배우지 못한 날은 늪에 빠진 듯 허우적거리지만 어쩌다 목청이 트이는 날은 날아갈 것만 같다.

또랑광대도 평생 소리 공부를 한다. 명창만큼 전국을 돌며 공연을 하지 않지만, 세파에 물들지 않은 전통 가락의 파수꾼이다. 생계가 어렵고 알아주는 이가 없어도 소리 하나만을 잡고 모든 것을 바친다. 평생을 하대 받으며 궁핍하게 살아도 북채를 놓지 않고 소리를 질러댄다. 어제는 곰살맞고 찰지게 안겼던 소리가 오늘은 뚝뚝 부러져도 피를 토하며 다시 시작한다. 무슨 광대라고 불리든 개의치 않고 한 길만 묵묵히 걸어간다.

명창만 나오는 공연은 없다. 소리판에 가면 청중들이 자리를 잡기도 전에 무대 경험을 쌓으려는 문하생들이 먼저 분위기를 잡는다. 무대와 객석이 제자리를 잡고 본격적인 막이 오르면 관객의 시선을 모으고 공연에 몰입시키는 소리꾼들이 등장한다. 점점 열기가 고조되면 그날의 최고 명창이 화려한 너름새와 막힘 없는 통성으로 청중들을 사로잡는다. 공연은 열기가 중요하다. 충분하게 공연장을 달구는 또랑광대가 없으면 명창도 없고 국창國唱도 없다.

오늘도 어디선가 또랑광대가 목청을 다듬는다. 나도 〈육자배기〉 한 대목을 몇 주째 만들고 있다.

성남진

'안 먹어본 사람은 있어도 한 번만 먹은 사람은 없다.'는 말이 있다. 아예 맛을 모르면 몰라도 알면 참기 어렵다는 말이다. 한껏 기대하고 갔을 때보다 우연히 들렀을 때 더 놀란다. 맛과 분위기에 젖어 들면 누가 말하지 않아도 스스로 홍보에 앞장선다. 틈만 나면 흥얼거리는 노래는 음식보다 훨씬 중독성과 파급력이 강하다.

성남진은 〈성주풀이〉와 〈남원산성〉, 〈진도아리랑〉을 말한다. 메기는소리와 받는소리가 반복되고 장단과 가사가 단순한 대표적인 남도소리이다. 굿거리장단과 세마치장단이라 처음 접하는 사람도 어깨춤이 절로 날 정도로 흥겹다. 사설도 판소리나 육자배기처럼 진중하지 않고 구구절절 한 맺힌 사연도 없다. 무엇보다 받는소리는 인원 제한이 없어 무대와 객석이 빠르게 혼연일체가 된다. 흥을 돋우는 세 곡을 하나로 묶어 다 함께 노래하고 춤추며 어우러질 때가 많다.

〈진도아리랑〉부터 배웠다. 모르는 사람이 없을 정도로 잘 알려진 민요라 자신 있게 시작했다. “아리 아리랑 쓰리 쓰리랑~”의 후렴이 끝나기도 전에 뻗고 떨고 꺾는 시김새가 없다며 다시 하라고 했다. 몇 번을 반복하다 보니 긴장 때문인지 목이 뻣뻣해지면서 소리가 잘 나오지 않았다. 노랫말도 강조하는 부분만 최대한 힘을 주고 나머지는 들릴 듯 말 듯 가늘게 불러야 파도가 넘실거리듯 가락이 살아난다는 바람에 “음음음” 하는 부분에서는 입을 닫고 소리를 냈다. 경쾌한 세마치장단으로 가사에 맞는 리듬을 완벽하게 넘나들기는 힘들었다. 메기는소리를 계속 덧붙이는 단조로운 돌림노래지만 결코 쉬운 노랫가락이 아니었다.

단순한 곡조가 아니다. 곳곳에 기교가 숨어있다. 〈진도아리랑〉은 영화 〈서편제〉에서처럼 배우기는 어려워도 가장 신명 나는 민요 중에 하나다. 북 하나만 있어도 어깨춤이 절로 나오는 흥겨운 곡이라 들일을 하다가도 부르고 술을 마시면서도 부른다. 그렇다고 아무나 진하고 맛깔나게 부를 수는 없다. 누구나 한두 번쯤 불러본 노래라 조금만 밋밋하거나 장단이 틀려도 바로 고개를 가로젓는다. 완벽하게 부르는 것보다 주변 상황에 맞는 내용을 선택하고 덧붙여나가야 공감을 얻는다. 같은 곡이라도 누가 어떻게 부르느냐에 따라 흥겨울 때도 있지만 지겹게도 들리기 때문이다.

이어서 경상도 성줏굿 〈성주풀이〉를 배웠다. 후렴인 "에라 만수 에라 대신이야 대활연으로 설설이 나리소서"로 시작했다. 성주를 받아들이고 복을 비는 노래라 힘차게 부르라고 했다. 집을 지키는 성주에게 가족의 안녕과 무탈을 기원하는 사설이라 그런지 툭툭 내 던지는 목청에 힘이 들어가는 신나는 굿거리장단이었다. 노랫말도 무가巫歌처럼 성주신을 찬양하는 씻김굿이나 사물놀이의 성주풀이와는 달랐다. 땅을 관장하는 지신에게 감사드리고 추앙하는 의미가 내포된 경상도 노래라 꿋꿋한 멋이 있고 시원스러웠다.

배우는 내내 혼돈의 연속이었다. 유년 시절부터 입에 붙은 〈신 성주풀이〉 때문이었다. 제목은 같아도 유행가처럼 부르기 쉽게 개사하고 편곡한 신민요가 늘 발목을 잡았다. 마음은 전통 민요를 부르고 싶었지만, 느닷없이 튀어나오는 신민요 때문에 혼선이 생겨 진도를 나갈 수가 없었다. 몇 주를 반복해도 첫 박을 쉬고 들어가는 첫 소절에서 헤어나지 못했다. 선생님도 답답한지 예정된 세 단락 중 두 단락만 마치고 다른 곡으로 넘어갔다. 차라니 전혀 모르는 노래였으면 배우기가 쉬웠겠다는 생각이 들었다. 지금도 메기는소리는 매끄럽지 않고 목울대에서 턱턱 걸린다.

〈남원산성〉은 성남진 중에서 유일하게 메기는소리로 시작한다. 첫 소절이 잔잔하고 신나는 중중모리장단에 육자배기토리라 부르기가 편하다. 시작 부분인 "남원산성 올라가~"에서 제목을 가져왔지만, 받는소리에 나오는 둥가를 가져와 〈둥가타령〉이라고도 불린다. "니가 나를 볼라면 심양강 건너가~"를 부를 때면 병자호란 때 심양에 인질로 끌려간 사람들이 떠올라 남원산성이 아니라 남한산성이 아닐까 싶었다.

진도가 잘나갔다. 첫 소절을 제외하면 어렵거나 긴 단락도 없었다. 몇 곳만 밀고 떨면 될 정도로 시김새도 많지 않았다. 서정적인 사설에 장식음 몇 개를 붙이자 단번에 생기를 띄며 꿈틀거렸다. 목소리가 밝아지자 저절로 경쾌하고 흥겨운 가락이 되는 것 같았다. 앞소리가 순조롭게 잘 넘어가서 그런지 짧은 후렴에서 자주 터덕거렸다. 금세 끝날 것 같았는데 예상치 못한 복병을 만나 한동안 제자리걸음을 반복했다. 〈성주풀이〉만큼은 아니어도 한동안 씨름하다 보니 삼절까지 배우는 데 몇 주가 걸렸다.

새로운 곡을 배울 때마다 녹음부터 했다. 우선 돌아오는 차에서 한번 듣고 다음 날 아침 걷기 운동을 하면서 몇 번 더 들었다. 듣다 보면 부를 때 몰랐던 부족한 부분이 잘 보였다. 만족보다는 실망할 때가 많았다. 선생님의 장구 장단에 맞출 때는 제법 잘 부른 것 같지만 혼자 부르면 다른 노래가 되었다. 시김새도 박자도 제멋대로고 청을 잡지 못해 끝까지 가지 못할 때도 있었다. 첫 음도 제대로 잡지 못하는 날은 벽에 부딪힌 느낌이었다. 소리를 배우기 전에 혼자 흥얼거리던 호기마저 사라졌다.

혼란스러웠다. 소리 공부를 계속할 것인가 말 것인가를 고민했다. 너무 만만하게 본 것이 아닐까 싶기도 하고 자질이 부족하지나 않나 싶어 갈등이 계속됐다. 연습을 많이 하면 음을 갖고 놀 수 있다는 말도 귓등으로 들었다. 장단에 신경 쓰다 보면 가사가 문제고 사설에 치중하다 보면 박자를 놓치는 날이 계속되자 오기가 발동했다. 수업 시작 전 선생님의 목소리부터 녹음했다. 다음 수업 때까지 틈만 나면 듣고 명창들의 소리도 찾아 들었다. 성급한 마음을 내려놓고 숙성되기를 기다렸다. 선율부터 익히고 장식음을 천천히 입히니 소리가 입에 붙고 맛도 조금씩 느껴졌다. 힘을 뺀 목소리가 장단과 어우러지자 자연스럽게 어깨가 들썩거렸다.

노래도 삭혀야 깊은 맛이 난다는 것을 그때서야 알았다. 날마다 목청을 돋우고 힘을 쓴다고 되는 것이 아니었다. 배추도 숨이 죽어야 김치가 되고 양념이 스며들어야 제맛이 나듯이 민요도 목에 힘이 빠지고 노랫말의 의미가 몸으로 느껴져야 맛이 난다. 같은 곡조라도 젊은 사람이 부를 때보다 쓰라린 인생 역정을 지나온 사람이 부를 때 곰삭은 맛이 났다. 몇 년을 땅속에서 서로 다른 성분이 치고받으며 처절하게 싸워야 감칠맛과 깊은 맛을 나듯이 노래도 타협하고 양보하는 과정을 겪어야 독특한 맛이 난다. 적어도 강산이 세 번은 변해야 소리한다고 말할 수 있다던 어느 명창의 말이 갈수록 크게 들린다.

세상만사 쉽게 이루어지는 것은 하나도 없다. 옹이와 연륜이 아름다운 무늬를 만들듯 치열하고 처절한 아픔과 번뇌가 명곡과 명창을 만든다. 노래에도 왕도가 없다.

동부민요 <한오백년>

굳이 반주가 없어도 된다. 가사를 관객의 눈높이에 맞게 선택하고 장단을 조금 바꿔도 크게 문제 될 것이 없다. 애절함이 묻어나는 아쟁이나 대금으로 전주를 깔면 훨씬 맛깔스럽지만, 악기 없이 즉흥적으로 노래를 부를 때가 많다. 박자가 맞고 틀렸다기보다는 청중이 얼마나 공감하고 몰입하느냐가 관건이다.

오랫동안 혼자 흥얼거리다 보니 저절로 입에 붙었다. 누구를 흉내 내지 않고 나만의 창법으로 불렀다. 별도의 준비가 없어도 마이크만 잡으면 부를 수 있었다. 처음 내뱉는 목청이 시원하게 터지면 막힌 곳이 확 뚫리는 느낌이었다. 관객들도 가슴속 체증이 시원하게 풀려야 미리 말하지 않아도 메기는소리를 받아준다.

후렴은 쉽게 따라 할 수 있는 흥겨운 가락이라 같이 호흡하다 보면 금세 열기가 달아올랐다.

한번 시작하면 온몸의 기운을 토해냈다. “한 많은 이 세상 야속한 님아”로 시작되는 메기는소리는 높은 음역이고 “한오백년 살자는데 웬 성화요.”라는 후렴은 낮은 음역이라 지루하지 않다. 시선을 의식하지 않고 오직 소리의 진폭을 조절하고 파장을 멀리 보내려고만 했다. 듣는 사람이 없어도 혼자 흥얼거리며 눌러 두었던 응어리를 녹여냈다. 그럴 때마다 깊은 소리의 늪에 빠져들었다.

〈한오백년〉은 〈강원도아리랑〉, 〈정선아리랑〉과 함께 강원도의 대표적인 통속민요다. 3대 아리랑의 하나인 〈정선아리랑〉이나 구슬픈 느낌을 주는 〈강원도아리랑〉과 함께 전형적인 메나리조의 산골노래로 알려져 있다. 본래 세마치장단이었으나 느린 중모리장단으로도 불리면서 문화적 독자성이 강한 계면조로 자리 잡았다. 여러 장절로 구성된 가사는 분위기에 따라 적절하게 안배하지만, 첫 소절만큼은 잘 바꾸지 않는다. 후렴에서 유래된 노래라 가끔은 후렴을 먼저 하기도 한다. 한恨을 구성지게 읊으면서도 애절함과 흥겨움이 동시에 묻어나는 노래라 소리꾼들이 즐겨 부른다.

오래전 가족들과 터키의 에페소에 갔을 때였다. 지진으로 무너진

석조 건물들을 둘러보고 마지막으로 원형극장에 갔다. 이미 유사한 유적을 많이 봤던지라 큰 기대는 하지 않았다. 입구에는 각국에서 온 사람들로 북새통을 이루고 있었다. 어찌나 시끄러운지 가이드의 설명이 잘 들리지 않았다. 점점 몰려드는 관광객 때문에 옆 사람과 대화가 안 될 정도였다. 한참을 기다려 허름한 입구로 들어섰다. 들어서자마자 나타난 2만 명을 수용하는 객석과 무대의 규모에 압도당했다.

가이드는 객석 어디서나 소리가 비슷하게 들린다고 했다. 무대를 중심으로 부채처럼 펼쳐진 반원형 객석을 한참 동안 바라봐도 이해가 가지 않았다. 한편으로는 특별한 음향시설도 없던 시절에 이런 극장에서 공연했다는 게 부러웠다. 소리의 진동이나 파장에 대해 별도로 공부한 적이 없어 함부로 반박하지는 못해도 도무지 믿을 수가 없었다. 계속 질문을 하자 객석의 가장 높은 부분에 한번 가보라고 했다. 다시 오기 힘들 것 같아 바로 올라갔다 내려왔다.

그때였다. 가이드가 빨리 무대에 올라가자고 했다. 석조무대는 밑에서 보는 것과 달리 상당히 넓었다. 갑자기 가이드가 큰소리로 곧 공연이 시작되니 조용히 해달라고 했다. 놀란 구경꾼들은 일제히 무대를 올려다봤다. 지중해 유람선에서 노래를 들었던 가이드는 내게 빨리 민요를 하라고 재촉했다. 얼떨결에 올라갔지만 다시는 이런 기회가 없을 거라는 말에 용기를 냈다. 첫 소절이 시작되자 장내는 조용해졌고 관광객들의 시선도 순식간에 집중됐다. 우렁찬 목소리의 〈한오백년〉 가락이 원형극장 객석으로 부챗살처럼 퍼져갔다.

민요는 어른들의 노래였다. 젊은 사람들은 고리타분하다며 시작도 하기 전에 고개부터 돌렸다. 리듬이 느리고 가사도 현실에 맞지 않아 철저히 외면당했다. 무엇보다도 자라온 환경이 다르다 보니 선뜻 공감하기 어려운 부분이 많았다. 특히 일제강점기에 가르친 신식 교육과 거침없이 밀려든 서구문물의 영향이 컸다. 하지만 수천 년 내려온 감정을 단번에 뒤집을 수는 없었다. 삶이 힘들어지고 나이가 들면 저절로 유전자 속의 가락을 흥얼거리게 된다.

국민가수였던 조용필이 〈한오백년〉을 대중들에게 알렸다. 소리꾼들은 늘 새로운 장르에 도전한다. 선율은 물론이고 복장도 바꾸고 구성지고 한 맺힌 목청이 아니라 시대에 맞는 가락과 율동으로 변화를 시도한다. 기초가 탄탄한 명창들이라 다양한 가락으로 새로운 창작곡을 쏟아낸다. 최근 인기를 얻고 있는 베이스 기타의 반복되는 반주에 어깨춤이 절로 나오는 이날치밴드의 〈범 내려온다〉와 명창 이희문이 이끄는 씽씽밴드의 서도민요가 그런 것이다.

어떤 분야든 변화를 시도해야 살아남는다. 기존의 틀을 깨야 새로운 세상이 나타난다. 현실에 안주하면 빠르게 퇴보하다 끝내 사라지고 만다. 지금도 어디선가는 이단아라는 소리를 들으며 새로운 형태의 민요를 선보이고, 핏대를 올리며 현대판 소리 사설을 엮어보지만 대부분 빛을 보기도 전에 사그라든다. 그래도 끊임없이 우리 가락의 싹을 곳곳에서 틔워 올리니 머잖아 하늘을 찌를 듯한 우듬지가 숲을 이룰 것 같다.

<춘향가> 중 '쑥대머리'

가던 발걸음을 멈췄다. 카랑카랑한 목소리가 북장단을 타고 문틈으로 새어 나온다. 혼신의 힘을 다해 밀고 당기지만 한 장단도 제대로 넘기지 못하고 허우적댄다. 돌부리에 걸린 듯 넘어지고 일어서기를 반복하다 보니 스승도 제자도 점점 지쳐 간다.

판소리 〈춘향가〉의 눈대목이다. 옥중에서 자신의 신세를 한탄하며 한양 낭군을 그리워하는 노래라 애절함이 생명이다. 머리카락이 쑥대밭처럼 흐트러진 귀신 형용이 되어서도 이도령을 생각하며 부르는 옥중가라 첫 소절이 끝나기 전에 설움에 젖은 탄식이 절로 나와야 한다. 중모리장단으로 잔잔하게 이어지지만,

시작부터 끝까지 구구절절 계면의 슬픔이 묻어나야 하는 곡이라 여간 어렵지 않다.

'쑥대머리'라는 단어는 신재효申在孝의 〈남창춘향가〉에 처음 등장하며 19세기 초반에 만들어진 대목으로 전해진다. 일제 강점기 때 젊은 소리꾼이었던 임방울林芳蔚이 외숙 김창준과 명창 송만갑의 소개로 중앙 무대에서 불러 일약 명창의 반열에 올랐다. 현재까지 불리는 "쑥대머리 귀신 형용 적막 옥방 찬 자리에 생각난 것이 임뿐이라 보고 지고 보고 지고 한양 낭군을 보고 지고"로 시작하는 대목은 국창 임방울 더늠이다. 식민지 시대 억압받던 민족의 설움이 정서적으로 겹치면서 열광적인 호응을 얻어 당시 유성기 음반이 무려 일백만 장 이상 팔렸다고 한다. 그 여파로 〈쑥대머리〉가 지금까지도 신화처럼 이어지고 있다.

몇 해 전 친구와 〈쑥대머리〉를 배우러 갔다. 판소리가 뭔지도 잘 모르고 시작했다가 애를 먹었다. 중모리장단의 계면조로 불러야 한다고 했지만, 장단을 탈 줄도 모르고 계면이 뭔지도 정확히 몰라 첫날은 첫 소절 '춘향 형상 가련하다'에서 한 발짝도 못 나갔다. 끝부분에서 힘을 빼고 두 박을 쉬었다가 푹 떨어지라고 하지만 첫 박을 찾기조차 힘들었다. 이어지는 '쑥대머리'의 '쑥'과 '대'는 한 자씩 떼어서 힘있게 부르고 '귀신 형용'에서 바로 힘을 빼라고 했다. 어찌나 어려운지 서로 얼굴만 쳐다보며 한동안 웃기도 했다.

한 주 동안 열심히 연습하고 왔는데도 다시 아니리부터 시작한다. 우선 목청의 힘을 빼야 계면조가 된다고 한다. 무슨 말인지 이해할 수가 없었다. 시키는 대로 따라 하자 바로 불호령이 떨어진다. 힘을 빼는 것은 소리를 낮고 작게 내는 게 아니라며 다시 북을 세차게 내려쳤다. 조금만 큰 소리를 내면 우조에 가깝다며 머리를 절레절레 흔든다. 비탄에 젖은 성음을 만들어야 가사 내용을 제대로 전할 수 있다며 다시 하라고 한다. 어쩌다 느낌이 와도 의도와는 전혀 다른 방향으로 목청이 튄다. 매사 힘을 주는 것보다 빼는 것이 훨씬 더 어렵다는 것을 다시 한번 실감한다.

힘이 빠지자 시김새가 문제였다. 몇 달 만에 겨우 가락을 이어가는가 했더니 이번에는 중간중간 소리를 꺾고 뻗고 떨어보라고 한다. 전체적인 선율도 아직 완전히 익히지 못했는데 양념 같은 기교가 필수라며 처음부터 다시 시작했다. 떨고 뻗는 음은 어떤 소리인지 느낌이 와도 소리를 꺾는다는 말은 처음 들었다. 몇 번을 반복해도 잘되지 않자 북채를 치켜들고 돼지 꼬리 같은 모양을 그리면서 묘한 목청을 토해낸다. 힘이 빠진 스승은 이게 뭐 그리 어렵냐는 듯 물끄러미 바라본다. 그뿐만이 아니었다. '간장에 썩은 눈물로 임의 형상을' 그린다는 부분에서는 어렵게 끌어올린 청을 단번에 천길 폭포처럼 그냥 떨어뜨린다. 어떤 성음이든 윤기

있고 힘차게 뽑어내는 천구성과 수리성을 고루 갖춘 임방울의 더늠이라 흉내조차 힘들었다.

가사를 외우기는 더 어려웠다. 신관 사또의 수청을 들지 않는다고 곤욕을 치르고 옥에 갇힌 몸으로 임을 그리는 노래라 구구절절 사연이 많았다. 한양으로 떠난 후 편지도 소식도 없는 낭군을 향해 넋두리를 늘어놓는다. 영어의 몸이라 추월秋月이 되어 살펴보거나 편지를 받을 수도 없고, 그리움에 사무쳐 잠을 이룰 수도 없으니 꿈속에서조차 볼 수가 없다는 내용이라 만만치가 않았다. '이화일지춘대우梨花一枝春帶雨'와 '야우문령단장성夜雨聞鈴斷腸聲'과 같이 한시를 원용하거나 한문식 말투가 많아 뜻도 모르고 억지로 외우다 보니 가사도 곡도 연결이 되지 않았다.

진도가 잘나가지 않자 친구의 지각이 잦았다. 국악에 문외한이라 판소리가 힘에 부치는지 지각을 거듭하다 결석으로 변했다. 처음에는 이런저런 핑계를 대다가 나중에는 연락이 잘되지 않았다. 그만두자니 좀 미안하고 더 배우자니 힘들었는지 혼자 해도 괜찮다는 말이 떨어지기가 무섭게 바로 그만두었다. 선생님은 친구의 전공이 미술이라 그나마 끈기가 있는 것 같다면서 오히려 그만둔 친구를 감쌌다. 한두 달이면 그만둘 줄 알았는데 쑥대머리를 한번 훑었다는 것만 해도 대단한 인내력이라고 했다. 멋모르고 판소리를 배우겠다고 찾아오는 사람은 많아도 해를 넘기는 경우는 드물다고 한다.

이윽고 터덕거리던 소리가 멈춘다. 힘겹게 이어지던 북소리도 잠시 쉰다. 설익은 성음으로 끝내는 것을 보면 아직도 갈 길이 멀게만 느껴진다. 문틈으로 새어 나오는 소리를 들어보니 시김새는 물론 우조와 계면조도 구분되고 힘이 들어간 목소리가 어떤 것인지도 잘 들린다. 중심에서 조금 비켜나 있을 때 더 잘 보인다는 말이 새삼 가슴에 닿는다. 스승은 제자에게 몇 해 전 그때처럼 잘했다고 한다. 아무래도 소리의 끈을 놓지 말라는 말처럼 들린다.

살며시 다가가자 문이 활짝 열린다. 이태 전 같은 길을 걸었던 제자가 무슨 심정으로 들었는지 안다는 듯이 스승은 빙긋이 웃는다. 방안에는 중년을 넘긴 새내기 제자 한 명이 상기된 얼굴로 앉아 있다. 순간 고비를 넘기지 못하고 중도 하차한 친구의 모습이 스치듯 지나간다.

을숙도 물꽃춤

낙동강 어귀에 붉은 노을이 내린다. 물비늘에 부서진 늦가을 햇살이 오렌지빛 윤슬을 만든다. 철새들이 군무를 시작하자 멀리서 다가오던 나룻배 한 척이 뱃머리를 돌려 저녁노을 속으로 사라진다. 점점 옅어지는 석양도 서산에 빠져든다.

을숙도는 새가 많고 물이 맑다고 붙여진 이름이다. 강을 따라 내려온 흙과 모래가 바다에 막혀 만들어진 작은 섬이라 큰물이 지면 쉽게 물에 잠긴다. 거미줄처럼 사방으로 흩어진 물길이 갈대밭을 만들고 땅을 기름지게 한다. 거센 파도에 부딪힌 강물이 몸부림치는 강어귀는 먹이가 풍부하고 갈대숲이 우거져 동양 최대의 철새 도래지가 되었다.

배를 타지 않고도 갈 수 있는 섬이 되었다. 하늘을 반쯤 가린 갈대숲이 감싸주는 그곳은 철새들의 천국이다. 지금도 바람 따라 서걱거리는 갈숲은 손님맞이를 큰 즐거움으로 삼는 군자처럼 철새든 텃새든 차별하지 않고 아낌없이 자리를 내준다. 개발의 물결에 밀려 강펄이 줄어들고 강물과 바닷물이 마음대로 만날 수 없어도 한결같이 새들이 날아든다.

을숙도는 새들의 공연장이다. 시뻘건 하늘이 강물마저 붉게 물들이는 저녁 무렵이면 공연 준비로 갑자기 바빠진다. 크고 작은 모래톱에서 대기하던 철새들이 짭조름한 바닷바람을 타고 일시에 치솟는다. 순식간에 거대한 산이 되었다가 성난 파도가 되어 출렁거린다. 화려한 군무는 시시각각 변하는 노을을 배경으로 끊임없이 요동친다. 석양을 등지고 날아오르는 철새들의 춤이 해마다 줄어도 여전히 장엄하고 아름답다.

축제는 신에게 올리는 제사였다. 좋은 날을 정해 놓고 제물을 바치는 종교적인 의식이었다. 두렵고 경건한 마음으로 살아있는 양이나 염소 같은 동물의 뜨거운 피를 바쳤다. 누군가를 희생시켜 제물을 바치면 자신들이 지은 죄를 용서받을 수 있다고 믿었다. 제물을 올리는 순서가 끝나면 불을 피우고 북을 치며 밤새 춤을 추었다. 타닥거리며 타오르는 불꽃이 소원을 담은 불티를 높이 날리고 춤꾼의 얼굴도 붉게 물들였다.

을숙도의 노을은 꽃노을이다. 몰운대에서 몰려온 불그스름한 석양이 그림처럼 강물에 비치자 가덕도 앞바다는 어느새 검은 산 그림자가 수묵화처럼 내려앉는다. 일락서산의 노을이 불꽃처럼 타오르고 붉은 꽃물이 바다로 번진다. 인간의 힘을 벗어난 거대한 불꽃 축제가 절정을 향한다.

불꽃 축제를 본 적이 있다. 승천하는 해룡처럼 불덩이가 꼬리를 흔들며 허공을 뚫고 올라가 갖가지 모양을 하늘에 수놓았다. 멀리 사라질 것 같던 화약 덩어리가 폭음과 함께 섬광을 내뿜으면 마치 가슴속 응어리가 터지는 것 같았다. 하지만 순간적으로 시선을 모으는 불꽃놀이가 아무리 웅장하다 해도 타는 저녁놀과는 비교가 되지 않았다. 매캐한 화약 연기가 시야를 가리고 타다 남은 불똥만 여기저기 떨어질 뿐 감동의 여운은 길지 않았다.

강구의 공연은 조용히 시작된다. 노을이 붉게 타고 산과 강이 꽃물에 젖어도 아무런 소리를 내지 않는다. 변사 없는 무성영화처럼 끊임없이 혼자서 시작하고 끝을 맺는다. 굳이 많은 사람을 모으려고 팸플릿을 돌리거나 선전을 하지도 않는다. 어느 가난한 무명 극단처럼 관객이 적거나 없어도 때가 되면 막을 올리고 내린다. 전쟁의 포성이 들리고 세상이 슬픔에 잠겼을 때도 쉬지 않았다. 강물이 흘러가고 지는 해만 있으면 철새들도 군무를 멈추지 않는다.

대학 축제 무대는 자연이 배경이었다. 사방이 꽉 막힌 답답한 실내 공연장과는 느낌부터 달랐다. 뒤에는 병풍처럼 둘러쳐진 승학산이 있고 앞에는 강과 바다가 눈앞에 다가왔다. 갈대가 일렁이는 을숙도는 늦가을 석양에 불타고 검은 산 그림자가 바다를 향해 내려오면 무대에 선 사람도 관객도 붉게 물들었다.

축제가 열기를 더해갔다. 달변의 사회자가 능숙한 솜씨로 무대를 달궜다. 박수 소리가 커질수록 무대는 뜨거운 불길에 휩싸였다. 아직 순서가 아니지만, 장구를 메고 채부터 잡았다. 무대 경험이 있어도 순서가 다가오면 언제나 목이 말랐다. 맹물을 마시며 목을 축여도 자꾸만 갈증이 났다. 편안한 마음을 가지라는 친구들의 말도 잘 들리지 않고 사회자가 소개하는 짧은 말도 장황하게만 들렸다. 진행자를 따라 무대에 올라서자 하얀 옷고름이 불꽃처럼 펄럭였다.

힘껏 장구를 쳤다. 제사를 지내고 북을 지늣이 신나게 두드렸나. 오동나무 통에서 증폭된 소가죽의 떨림이 저녁노을을 향해 퍼져갔다. 붉게 물든 석양은 죽음을 앞두고 마지막 숨을 몰아쉬는 한 생명이었다. 말할 기력조차 잃어버린 낙조를 향해 망자의 혼을 달래는 진혼곡을 읊었다. 애절한 진양조장단과 굿거리장단을 지나 가쁜 숨을 몰아쉬는 휘모리장단을 마치고 채를 내려놓았다.

낙조가 서산을 넘어간다. 육신을 불태운 수도자의 영혼처럼 서방세계로 사라진다. 욱일승천의 기세로 솟아오른 태양도 저녁이면 어김없이 배역이 끝난 배우처럼 어디론가 떠나간다. 갈등과 반목으로 아등바등 북적대는 사람도 잠시 스쳐 가는 순간일 뿐, 마지막 가는 곳은 한곳이다. 마지막 힘을 다해 핏빛 노을을 토해내자 머뭇거리던 노을이 점차 보랏빛으로 변한다. 무리의 뒤를 좇던 한 마리 새마저 어둠 속으로 사라지자 낙동강도 꽃노을도 검은 장막에 묻힌다. 비로소 을숙도의 거대한 공연도 어둠 속으로 사라진다.

평창의 밤

장단이 열기를 더해간다. 장구의 진동이 진폭을 키워가며 소리를 불러낸다. 쉰 듯한 목소리가 사설을 토해내고 장단이 빨라질수록 움찔거리던 몸이 덩실덩실 춤을 춘다. 진한 남도 가락이 산골의 밤공기를 흔들자 숨어 울던 귀뚜라미들도 울음을 멈춘다.

큰맘 먹고 먼 길을 나섰다. 친구를 만나러 평창으로 향했다. 여러 번 놀러 오라 해도 선뜻 대답할 수 없었던 곳이다. 마음은 바로 달려가고 싶었지만, 장거리 운전을 좋아하지 않는 데다 폐만 끼칠 것 같아 늘 망설였다. 고속도로를 몇 번이나 갈아타도 평창은 나타나지 않았다. 원주를 스치듯 지나 국도에 내려서자 찐빵으로 유명한 안흥이라는 글자가 보였다.

한적한 시골길로 접어들자 가을빛이 완연하다. 하루를 마무리하는 해거름 석양에 산과 들이 더욱 붉게 물든다. 다람쥐도 한 해를 마무리하는 겨울이 오는 줄 아는지 양 볼이 터지도록 도토리를 입에 물고 나무에 오른다. 사람들이 양식을 갈무리하자 짐승들도 나름 겨울을 준비하느라 바쁘게 움직인다. 나무들도 거추장스러운 옷을 벗고 정진하는 수도자처럼 화려한 단풍을 바람에 날려 보내고 동안거에 들어갈 준비를 한다.

거의 다 왔을 무렵 전화벨이 울린다. 친구 전화다. 먼저 도착해 기다리고 있으니 천천히 오라고 한다. 오전에 볼일이 있다더니 끝나자마자 급하게 돌아온 모양이다. 혹시 먼저 도착할까 봐 문자로 현관문 비밀번호를 알려 주더니 또 전화한 것이다. 산골의 정취를 즐기며 천천히 가다 보니 어느새 저만치 마을이 나타났다.

40년도 더 된 친구다. 대학 새내기 때 처음 만나 지금까지 연락하며 지낸다. 대학 때는 같은 동아리에서 활동하며 해마다 농촌 봉사활동을 다녔다. 비록 넉넉한 형편은 아니었지만, 여름방학만 되면 동아리 회원들과 산골 마을을 찾아갔다. 낮에는 뙤약볕 아래서 농사를 거들고 밤이 되면 동네 아이들을 가르쳤다. 둘 다 시골 출신이라 다른 사람보다 훨씬 빠르게 동민들과 가까워졌다. 서울에서 직장 생활을 할 때는 같은 방에서 하숙한 적도 있다. 무슨 일이든 금세 공감하다 보니 학창 시절부터 유달리

가깝게 지냈다. 대기업 평사원으로 시작해 숱한 곡절을 넘기고 지금은 어엿한 사장이 되었다.

크지 않은 아담한 동네다. 비슷한 형태의 조립식 건물들이 지형에 거슬리지 않게 자리 잡고 있다. 양반집 고택처럼 날카로운 추녀가 없어 위압적이지 않고 잡초가 무성한 초가집처럼 빈한하게 보이지도 않는다. 자연 발생적인 전통 마을은 아니지만, 울타리에 기대선 야생화와 작은 텃밭을 보니 고향 마을이 생각났다.

저녁에 매운탕을 먹으러 갔다. 맑은 물이 제법 빠르게 흐르는 냇가에 자리 잡은 외딴 음식점에 들어서자 마당 가운데 핀 샛노란 소국이 먼저 반긴다. 너와집처럼 낮고 허름한 외형과 흙벽에 걸려 있는 운치 있는 글귀가 마음을 편하게 한다. 약간 매운 듯한 뜨거운 매운탕이 들어오자 저절로 군침이 돈다. 운전하면서 긴장한 탓에 입안이 텁텁했는데 매콤한 국물이 들어가니 속이 시원하다. 정신없이 몇 그릇을 먹고 나서야 숟가락을 놓는다. 허리를 굽혀 낮은 방문을 나서자 마당에는 어느새 어둠이 내려와 있었다.

산골의 밤은 일찍 내려왔다. 사방이 산으로 둘러싸인 깊은 계곡이라 그런지 순식간에 어둠에 잠겼다. 유년 시절 산에 나무하러 갔다 겪은 경험 때문에 서산에 노을만 걸려도 서둘렀다. 욕심을 내거나 꾸물대다 보면 무리와 떨어져 길을 잃을 수도 있어 늘 주변을 살폈다. 산골 마을은 설레는 마음을 추스르기도 전에 적막에 빠져들었다.

거실에서 담소를 즐기며 술잔을 채웠다. 핏빛 술잔을 몇 번 부딪히다 보니 근육이 풀리고 마음이 열렸다. 음주 가무란 말이 있듯이 술이 있는 곳에 노래가 없을 수 없었다. 벽에 기대선 장구가 자연스럽게 제자리를 찾아가고 노래가 시작됐다. 분위기를 잡는다며 친구가 거실 전등을 끄자 수많은 별빛이 어둠을 뚫고 내려와 관객이 되었다.

〈흥타령〉이 잔잔하게 이어졌다. 메기는소리가 한 구절씩 넘어갈 때마다 분위기는 고요하고 엄숙해져 갔다. 남도 잡가 중에서도 가장 애절한 곡조라 쉽게 가객과 관객이 마음을 열었다. 사설이 좋아 후렴을 여섯 번이나 반복하고 나서야 끝을 냈다. 분위기 반전을 위해 세마치장단의 〈진도아리랑〉으로 넘어가자 친구는 어깨춤을 추며 후렴을 따라 했다. 자진모리장단의 〈경복궁타령〉이 나오자 신명을 참지 못하고 덩실덩실 춤을 추었다. 장구채가 점점 빨라지자 모두가 상을 두드리며 몸과 마음을 가락에 실었다.

판소리 〈사철가〉를 청한다. 시작부터 힘차게 불렀다. 꺾고 굴리고 밀고 당기며 이어갔다. 양념 같은 시김새가 더해질수록 노래는 맛을 더해갔다. 단가는 시간이 갈수록 소리의 물결을 이루었다. 잔잔하게 흐르던 강물이 거센 물줄기를 만들고 때로는 바위에 부딪히듯 격렬한 소리를 내다가 갑자기 폭포처럼 뚝 떨어졌다. '거드렁 거리고 놀아 보자'라며 끝을 맺어도 한동안 말이 없었다. 소리꾼과 관객의 눈길이 마주치자마자 탄성과 함께 박수가 터져 나왔다.

날이 갈수록 정이 메마른 세상이 되어간다. 멀리 있는 친구를 만나기는 더더욱 쉽지 않다. 문명의 힘을 빌려 건성으로 전화하거나 영혼 없는 단문으로 안부를 묻는 게 전부다. 어쩌면 통신의 발달이 인간다운 만남을 더디게 하는 것이 아닌가 싶기도 하다. 전파를 타고 전해지는 목소리는 공허한 메아리 같아 언제나 허전한 마음만 남는다. 흔히 멀리 있어도 마음만 있으면 된다고 하지만, 자조적 심정을 나타낸 말장난에 지나지 않는다.

단풍이 떨어지자 친구들이 생각난다. 백 년을 산 어느 철학자가 말했다. 인생의 황금기는 이순을 넘긴 육십 대라고. 내일 모래면 입동이다. 갈수록 마음만 바빠진다.

제 4 장

더늠

더늠

다시 CD를 굽는다. 휴대전화기에 녹음된 소리 파일이다. 몇 달 전에도 배우고 있던 판소리를 편집한 적이 있다. 출퇴근 시간에 듣다 보면 아무리 극심한 교통체증도 답답하지 않고 조급함도 사라졌다. 여러 번 접하다 보니 사설과 장단이 낯설지 않고 숨어 있는 시김새와 독특한 성음도 조금씩 들리기 시작했다.

한동안 명창의 소리만 갖고 다녔다. 차에다 준비해두고 틈만 나면 틀었다. 늘 귓등에 머물렀던 소리가 어느 날부터 조금씩 귓속으로 들어왔다. 따로 놀던 장단과 흩날리던 사설이 귀에 익자 산만하던 사연이 줄줄이 엮이기 시작했다. 어쩌다 모르는 가사가 나오면 신호를 받을 때마다 복사해둔 책자를 펼쳐 확인했다. 지금은 잘 쓰지 않는 고어나 고사성어가 많아 확인하지 않으면 맥이 끊겨 전후 사정을 알 수가 없었다. 특히 남도 사투리가 진하게 배어나는 부분은 여러 번 반복해도 이해하기 어려웠다.

〈춘향가〉 중 '쑥대머리'를 자주 들었다. 옥중에 갇힌 춘향이 오지 않는 서방님을 생각하며 한탄하듯 구슬프게 이어가는 눈대목은 명창 임방울의 데뷔곡이다. 누구도 쉽게 흉내 낼 수 없는 자신만의 창법으로 단번에 최고의 명곡으로 만들었고 타고난 천구성과 오랜 수련으로 얻어진 걸걸하고 쉰 듯한 수리성을 자유자재로 사용하는 임방울의 더늠이 되었다. 선생은 창극이 성행하던 시절에도 한눈팔지 않고 동편제와 서편제를 두루 섭렵하여 판소리 다섯 마당에 정통하였다. 언제나 특유의 방울목으로 공연장을 뜨겁게 달구었고 즉흥적으로 개작하는 능력까지 탁월해 명창을 넘어 국창이라 불리기도 했다.

더늠은 경지에 오른 소리꾼이 독특한 성음과 가락으로 다듬은 판소리를 말한다. 《조선창극사》를 보면 손꼽을 만한 명창들은 대개 더늠을 하나쯤은 가지고 있다. 오랜 세월 전승된 전통적인 소리를 시대의 흐름에 맞게 새롭게 단장하여 자신의 대표 소리로 만들었다. 뛰어난 소리꾼은 소리만 잘하는 것이 아니라 훌륭한 연주와 작곡 능력도 갖추어야 할 덕목이었다. 세상 사람들로부터 크게 인정받지 못해도 경쟁적으로 시도하다 보니 판소리 발전의 원동력이 되었다.

처음부터 민요를 좋아한 것은 아니다. 유년 시절 밤마다 이어지는 형님들의 하모니카와 기타연주에 세뇌되어 동요보다 유행가를 좋아했고, 고등학교와 대학에서 서도 소리와 농악을 배우면서 전통 가락에 매료되었다. 두꺼운 쇠가죽의 떨림과 둔탁한 나무통의 진동이 어우러지는 소리북의 장단에 끌렸다. 수많은 장르 중에서도 자연의 소리까지 품어주는 판소리를 듣고 있으면 답답한 가슴이 후련해졌다. 운전 중에도 전통 가락이 나오면 바로 채널을 고정하고 볼륨을 높였다.

단가를 한두 곡 배우고 판소리를 시작했다. 오래전부터 나만의 소리를 다듬고 싶었다. 어디 가서 자랑하고 거들먹거리려는 것은 아니었다. 아무리 고함을 지르며 반복해도 가슴속 응어리를 녹이고 토해내기에는 역부족이었다. 수없이 흥얼거리고 불렀지만 늘 허기를 느꼈다. 이미 여러 사람 앞에서 불러본 경험이 있어 늘 하던 대로 단전에 힘을 주며 중모리장단으로 천천히 밀고 갔다. 북도 잡지 않고 가만히 듣고 있던 스승은 노래가 끝나도 반응이 없었다. 어디를 가도 박수받으며 얼씨구 소리를 들었는데 정적이 이어지자 등에서 땀이 주르르 흘러내렸다. 순간 눈앞이 하얗게 변했다.

군에 있을 때였다. 틈만 나면 유명 화가들의 화풍을 감상하며 흉내 냈다. 화선지를 펼쳐놓고 먹만 갈아도 마치 화가가 된 것 같았다. 먹물이 화선지에 스며들면 농담을 달리하는 산들이 겹겹이 쌓여가고 사물이 형체를 드러냈다. 잘 아는 화가가 있다는 후임자의 말을 듣고 평을 받아보기로 했다. 가장 잘 그린 그림 한 점과 당장 나갈 수 있는 외박증을 끊어 주었다. 배운 적이 없는 그림이라 약간 긴장되었다. 귀대한 후임자는 선뜻 말을 꺼내지 않았다. 조심스럽게 물었더니 머리를 긁적이며 아무 말도 하지 않더라고 했다. 그때도 순간적으로 뒤통수를 맞은 것처럼 현기증이 났다.

정적을 깨고 한마디 한다. 장단은 제쳐두고 시김새가 없다고. 음식을 만들면서 양념을 치지 않은 격이다. 물에 물 탄 듯 밍밍한 소리는 남도의 소리가 아니다, 깊고 진한 맛이 없는 음식처럼 감흥이 없으면 단순한 흉내에 불과하다, 꺾고 떨고 밀고 나가는 기교가 없으니 사설 내용이 제대로 전해지지 않는다, 평생을 갈고 닦은 소리꾼도 시김새가 잘되지 않는 날은 애를 먹는다며 소리의 맛이 나지 않는다고 한다. 판소리를 가요 부르듯 불렀으니 당연한 반응이었다.

시김새도 모르면서 소리 공부를 시작했다. 당연히 전통 장단이나 가락도 잘 몰랐다. 귀동냥으로 겨우 몇 대목 따라 하다 보니 용어부터가 생소한 것이 많았다. 정상적으로 배운 적이 없는지라 처음 듣는 단어가 나올 때마다 기가 죽었다. 한동안 마음먹은 대로 장단을 타지도 못하고 목청도 나오지 않아 애를 먹었다. 지금 배워서 뭐 하겠나 싶은 생각도 들었지만, 이왕 시작한 것 한 곡 정도는 배워보고 판단하기로 했다. 스승의 추임새를 업고 복식과 단전호흡으로 기를 모아 소리를 지르다 보면 금세 땀범벅이 되었다. 단가 하나 배우러 왔다가 지금은 판소리 다섯 마당의 눈대목을 차례로 배우고 있다.

열심히 한다고 소리꾼이 되는 것은 아니다. 아무리 갈고 닦아도 분명 한계가 있다. 인간의 능력이 무한하다고 하지만 다 이루지는 못한다. 혼신의 노력을 다해도 목표에 도달하지 못하는 사람이 더 많다. 유명한 스승을 찾아다니며 사사하고 산속에 들어가 오랜 세월 독공을 해도 자신만의 소리를 얻기는 어렵다. 지나치게 스승의 소리를 흉내 내다 보면 박음 소리라는 말을 듣는다. 때가 되면 둥지를 떠나 홀로서기를 해야 한다. 그래야 내공이 쌓이고 근육이 생겨 한 단계 높은 경지에 오를 수가 있다. 오늘도 많은 소리꾼이 피를 토하듯 소리를 지르며 더늠을 찾아 헤맨다.

인간은 늘 새길을 갈망한다. 누구의 발길도 스치지 않은 새로운 세상을 찾아 몸부림친다. 설사 그 길이 가시밭이고 천 길 낭떠러지라 해도 포기하지 않는다. 어떠한 작은 길도 저절로 만들어지지는 않는다. 누군가의 처절한 노력과 희생의 결과물이다. 설사 하찮은 짐승이 다니는 길이라 해도 다르지 않다. 오늘 내가 걸어간 발자국이 뒷사람의 이정표가 될 수 있기에 함부로 갈 수도 없다.

교통체증이 또 시작된다. 새로 만든 CD를 넣자 성글고 풋내 나는 소리가 흘러나온다. 탁 트인 통성이나 절묘한 시김새도 없지만, 장단 맞춰 흥얼거리고 추임새를 넣다 보면 빠르게 젖어 든다. 이제는 빨간 신호가 아무리 길어도 서두르지 않는다. 더늠 한 대목을 얻으려면 참고 견디는 인내심부터 길러야 하니까.

다스름

눈만 마주쳐도 교감한다. 영욕의 순간들이 주마등처럼 스쳐 지나간다. 오랫동안 어르고 달랬건만 아직도 설렘에 가슴이 뛴다. 굳이 말하지 않고 바라만 봐도 질곡의 세월을 거쳐온 삶의 역정이 곳곳에서 묻어난다. 흐트러진 옷매무새를 바로잡고 조심스럽게 다독이며 어루만진다. 따스한 체온이 손끝으로 전해지면 무엇을 원하는지를 알아차리고 조용히 화답한다.

다스름은 음을 고르는 과정이다. 누구에게 보여 주거나 관심을 끌기 위한 동작이 아니다. 판소리 명창이 단가를 부르며 목청을 다듬는 것처럼 본 곡을 위해 속도와 호흡을 조절하는 조음調音이다. 합주일 때는 대장 악기를 중심으로 짧은 곡조를 연주하며 전체적인 조율과정을 거친다. 국악에서는 공연을 주도하는 거문고를 표준음으로 삼고 음악을 연습한다. 피리나 대금 같은 관악기는 부는 방법[吹法]과 구멍을 막고 떼는 기법[指孔]의 적합성 등을 가늠하고 거문고나 가야금 등 현악기는 현을 조절하고 줄이 고른지 확인한다.

이유는 두 가지다. 하나는 차이 나는 연주자의 실력을 곡에 맞추는 것이고 다른 하나는 악기의 특성을 조화롭게 살리는 것이다. 같은 악기라도 주자의 역량이나 특징에 따라 조화를 이루지 못하거나 선율이 다를 수도 있기 때문이다. 조음용 가락은 비교적 자유롭게 구성되어 있으나 악기별 특징을 대부분 포함하고 있어 다스름만 봐도 실력[巧拙]을 충분히 가늠할 수 있다. 얼핏 들으면 무질서한 것 같아도 대화하고 소통하는 과정이라 반드시 거쳐야 하는 통과의례 중 하나다.

악기는 날마다 다른 소리를 낸다. 단순히 누르리고 튕기면 원하는 음을 내는 줄 알지만 그렇지 않다. 연주자와 혼연일체가 되어야 곡을 만든다. 감정 기복이 심한 사람처럼 시시각각 변하는 주변 환경의 변화에 따라 다른 소리를 낸다. 날씨가 쾌청해야 가죽으로 만들어진 장구나 북은 물론 현악기의 명주실도 맑고 경쾌한 음을 낸다. 어느 날은 단숨에 원하는 음을 내지만 어떤 날은 아무리 어르고 달래도 몽니를 부리며 딴소리를 낸다.

사람마다 목청이 다르듯이 악기도 각각의 특성이 있다. 같은 오동나무로 만든 거문고나 가야금도 다른 가락을 탄다. 자라난 기후나 환경에 따라 다른 선율을 읊는다. 양질의 토양에서 부족함 없이 쑥쑥 자란 나무가 뱉어내는 소리와 어쩌다 바위틈에 끼어 평생을 짓눌리며 자란 나무는 목질도 곡도 다르다. 세상 풍파를 다 이겨낸 단단한 오동나무라야 천년이 지나도 간직한 곡을 굴곡 없이 쏟아 낼 수가 있다. 하늘을 향해 뻗은 윗동아리보다 몰아치는 태풍에도 죽을 힘을 다해 땅을 움켜쥐고 중심을 잡고 버텨냈던 밑동이 훨씬 다양한 음을 낸다는 어느 장인의 말이 생각난다. 인고의 세월을 견뎌내지 않고 어찌 인생을 논하고 곡조를 만들 수 있겠는가.

수없이 많은 날밤을 지새웠건만 아직도 데면데면 겉돈다. 하룻밤에도 만리장성을 쌓는다는데 도대체 얼마나 더 기다려야 마음을 얻을 수 있을지 조심스럽기만 하다. 원해서 만났지만, 서로를 너무 몰랐다. 품 안에만 들어오면 저절로 한 몸이 되고 마음이 통하는 줄 알았다. 얼마 지나지 않아 생각이 짧았다는 것을 알았다. 여차하면 앙칼진 소리가 날아들고 엉뚱한 가락으로 가슴을 헤집는다. 음악적 해석이나 감정 표현이 달라도 동반자나 반려자처럼 늘 동고동락을 함께하며 몰입하려고 애를 쓴다. 평생을 함께해야 한다고 생각하니 기가 막히고 가슴이 답답하다.

고통의 시간이 계속된다. 날마다 반복되는 갈등이 지치게 한다. 어떤 일이 있어도 백년해로하겠다고 맹세한 처지라 포기도 단념도 할 수가 없다. 조금씩 양보하고 내려놓으라는 조언을 따르려고 해도 몸과 마음이 따로 논다. 마음을 열고 상대를 먼저 배려하겠다고 몇 번이나 다짐하건만 얼굴만 마주하면 마음에도 없는 말과 행동이 거침없이 튀어나온다. 날이 갈수록 고민이 깊어진다. 전생에 무슨 업원業冤이 얼마나 얽혔길래 이렇게 모질고 질긴 인연이 이어지는가 싶다.

긴 세월 때와 장소를 가리지 않고 밀당을 거듭했다. 때로는 토라지고 삐쳐질 때도 있었지만 그것은 잠시였다. 어디를 가도 분신처럼 함께 다녔다. 같이 지내다 보면 재미나고 즐거운 일보다 죽을 만큼 힘든 고비를 이겨내야 할 때가 더 많았다. 미운 정 고운 정이 더께로 쌓여가자 바라보는 것만으로도 애잔함이 몰려왔다. 표현의 차이가 틀린 것이 아니라 다르다는 것을 인정하고부터 마음이 편해졌다. 애써 나만의 다양성과 독창성을 찾다 보니 어깃장을 놓거나 날을 세우지도 않는다. 눈빛만 봐도 원하는 바를 알 정도가 되었지만, 더욱 조심스럽게 물어보고 감정을 조율한다.

악기만 다스름이 있는 것은 아니다. 쇠붙이나 나무도 마찬가지다. 혼자일 때와 상대가 있을 때는 다르다. 아무리 다듬질 가공을 잘하고 정밀하게 마름질해도 수없이 조합과 결합을 반복하며 거부감을 줄여나간다. 반세기 넘게 기계와 더불어 수많은 정밀 부품을 가공하고 조립하면서도 완벽한 제품을 본 적이 없다. 정도의 차이는 있어도 언제나 크고 작은 문제점이 발생했다. 억지로 밀어 넣고 돌리면 보풀보다 작은 요철만 있어도 생살을 깎아내며 엄청난 비명을 질러댔다. 한번 돌아갔다고 끝이 아니다. 끊임없이 윤활유를 공급해야 마찰에 의한 과열과 파손을 방지할 수가 있다.

인간도 다르지 않다. 자의든 타의든 유기적 관계를 맺고 사는 사회적 동물이라 세상을 조화롭게 살려면 더불어 사는 방법을 배워야 한다. 자신의 소리를 주장하기보다 전체적인 흐름을 먼저 고려해야 정상적인 주악이 되듯 이타심을 가지고 남을 배려할 줄 알아야 한다. 삶의 뿌리와 이상이 달라도 다름을 인정하고 자신을 조금만 내려놓으면 된다. 살점이 떨어져 나가는 아픔을 감내하며 절충점을 찾는 톱니바퀴처럼 사람도 끊임없는 습합習合이 필요하다.

입신의 경지에 든 음악가도 매일 연습한다. 어느 세계적인 피아니스트는 평생 연습해야 할 줄 알았으면 연주자가 되지 않았을 거라고 했다. 곡을 희롱할 정도로 뛰어난 실력자였지만 완전히 만족하는 공연은 없었다고 한다. 연주에는 왕도가 없다. 혼신의 정력을 털어내는 처절한 몸부림으로 모든 것을 보여줄 뿐이다.

오직 피나는 노력과 몰입만이 관객의 공감과 감동을 불러온다. 말은 쉬워도 행동으로 옮기기는 참 어렵다. 우리의 삶도 마찬가지다.

백악지장 거문고

우렁찬 파동이 고막을 울린다. 손가락보다 가는 술대로 줄을 힘차게 내려치자 기다렸다는 듯이 온몸을 떤다. 마른기침마저 잦아든 캄캄한 공간을 뒤흔든 거문고 소리에 잔잔한 장구 장단과 고수의 추임새가 흥을 돋운다. 화려하지도 요란스럽지도 않은 한복 차림으로 다소곳이 앉은 연주자의 시선은 오직 현을 따라 움직이는 손가락만 따라간다.

국립국악원 공연장은 일찍부터 붐빈다. 서성댈 겨를도 없이 좌석번호를 찾아 자리를 잡는다. 남도 전통춤 공연은 처음이라 앉자마자 주변부터 살핀다. 안내 책자를 보는 관객도 있지만 대부분 석불처럼 꼿꼿한 자세로 절벽 같은 장막을 마주하고 있다.

어슴푸레한 주변 분위기에 친숙해질 무렵 공연을 알리는 종소리가 나직하게 울린다. 객석의 조명이 꺼지고 장막이 서서히 올라가자 칠흑같이 어두운 무대를 바라보는 관객들은 숨소리조차 내지 않는다. 순간 뚜둥~ 하는 소리가 정적을 깬다. 공연장을 울린 가슴 서늘한 파장은 거문고 소리였다.

정신이 번쩍 든다. 어둠이 걷히기도 전에 귓전을 때리는 장엄한 선율에 자리를 고쳐 앉는다. 장구 장단보다 먼저 울려 퍼진 현의 떨림이 어둠을 몰아내자 밤새 들녘을 지키던 허수아비처럼 미동도 하지 않고 서 있던 소복 차림의 무용수와 악기를 잡은 악공들의 모습이 실루엣으로 나타난다. 엄숙한 소리에 놀란 듯 움찔하던 춤꾼들의 손끝이 움직이기 시작한다. 가사도 없이 토해내는 애절한 구음口音과 어우러진 시나위 가락이 궤도에 오르자 터질 듯한 버선발이 빠르게 움직인다. 진양조장단이 자진모리장단으로 바뀌면서 유난히 흰 버선코가 치맛자락을 비집고 수줍은 듯 얼굴을 내밀었다가 잽싸게 숨기를 반복한다. 빨라지는 가락을 따라 치마폭을 펄렁이는 춤사위가 바람을 일으키고 명주 수건이 허공에서 춤을 춘다.

굵고도 섬세한 소리를 내는 거문고를 백악지장百樂之丈이라 부른다. 최고의 악기로 꼽히는 거문고는 고구려 고분 무용총 벽화에도 그려져 있을 정도로 오래된 민속악기이다. 삼국사기에 의하면 진晉나라가 고구려에 칠현금을 보냈는데 타는 법을 아는 사람이 없어 왕산악이 악기를 개량하고 곡을 만들었다고 한다. 현이 올라가는 몸통의 위쪽은 울림이 좋은 오동나무를 사용하고 아랫면은 단단한 밤나무를 써서 공명이 잘 일어나도록 만든다. 여섯 개의 현 중 괘로 받친 세 줄로 다양한 소리를 내고 기러기발[雁足]로 받쳐둔 나머지 줄은 단순한 음을 낼 때만 사용한다.

거문고 연주는 산조散調가 으뜸이다. 고종 때 백낙준이 처음으로 산조를 연주했으나 누구의 주목도 받지 못했다. 양반과 선비들은 자신들의 전유물로 여기던 악기가 대중음악으로 옮겨가는 것을 달갑게 여기지 않았다. 한동안 잊힌 듯 조용하다가 서양 문물이 밀려들던 개화기에 독주곡으로 인정받아 공연과 전수가 시작됐다. 틀을 중요시하는 정악보다 자유로운 형식이라 식자들로부터 오랫동안 외면당했지만 계급 사회가 무너지면서 음악의 경계도 허물어졌다.

판소리와 함께 중요한 민속악으로 자리 잡은 산조는 산만하게 흩어져 있던 소리를 모아 정형화시킨 가락이다. 남도소리의 시나위와 판소리가 바탕이라 즉흥적인 연주는 무부巫夫들이 연주하던 시나위와 유사하고 한을 담은 선율이 많다. 기본 장단은 진양조장단, 중모리장단, 자진모리장단이지만 엇모리장단과 굿거리장단, 휘모리장단 등을 삽입하여 빠르게 몰아가는 형식을 취한다. 첫 악장은 가장 애절하고 느린 진양조장단으로 시작해야 하는 원칙이 있고 우조보다 슬프고 애잔한 계면조가 많다.

연주자에게 산조는 영원한 화두다. 구전심수口傳心授, 입으로 전하고 마음으로 받는 전통 전수 방법이라 가르치는 스승에 따라 실력이 확연하게 차별된다. 서양음악처럼 정확한 악보가 없다 보니 스승의 기분이나 역량에 따라 흐름 자체가 달라지기도 한다. 즉흥 연주인 시나위는 물론이고 산조도 연주할 때마다 느낌이 달라 배우기가 여간 힘든 게 아니다. 오전과 오후가 다르고 어제와 오늘의 연주가 다르다. 같은 곡이라도 소리꾼에 따라 다르듯이 연주도 마찬가지다. 경지에 오른 연주자들은 섬세한 농현弄絃기법과 복잡한 리듬을 구사하는 자신만의 주법을 만들기도 한다.

소리 공부를 시작하면서 대금 같은 관악기보다 장중한 맛을 내는 현악기의 매력에 끌렸다. 공연장에 가서도 언제나 거문고 소리에 집중하고 연주자의 모습을 지켜볼 때가 많다. 해금이나 가야금보다 음이 굵고 진폭이 큰 소리를 들으면 무릎에 걸쳐두고 연주에 심취하는 선비와 풍광 좋은 정자 근처로 찾아드는 학의 모습이 저절로 떠오른다. 유유자적하며 전원생활을 즐기는 고고한 선비의 모습과 푸른 소나무 위에 올올히 앉아 있는 학의 모습을 상상하다 보면 마치 선비가 된 듯 가락의 물결에 휩쓸린다.

거문고산조를 찾아서 듣는다. 장중한 가락이 일상의 쉼표가 된다. 특유의 꿋꿋함과 깊이가 느껴지는 선율이 잠시나마 모든 것을 잊게 한다. 타악기같이 지나치게 요란하거나 관악기처럼 진중하지 않아 가만히 듣다 보면 분주하던 하루가 절로 정화된다. 이른 아침에 한 곡을 듣고 나면 하루가 차분하게 시작되고 일과를 마치고 저녁에 들으면 분잡스럽던 묵은 때가 씻겨나간다. 굵은 소리가 잦아들면 가는 소리가 줄지어 나타나고 낮은음이 멀어져 가면 줄이 끊어질 듯 큰 진동이 다가온다. 강한듯하다가도 부드럽고, 둔탁한 듯하다가도 맑은소리를 내는 선율이 끝없이 이어지면 잠시 눈을 감고 소리의 노예가 된다. 가뭄에 단비 같은 소리를 들을 때마다 메마른 가슴이 촉촉이 젖는다.

잔잔한 선율에 수건이 파르르 떤다. 움직이지만 조용함이 있어 움직이지 않는 것처럼 보인다. 다시 애잔한 구음과 아쟁의 선율이 더해지자 표정 없는 춤꾼들은 서너 걸음 가다 멈추고 다시 가다 멈추기를 반복한다. 어쩔 수 없이 영혼을 떠나보내야 하는 미망인같이 현실과 이상의 경계에서 멈칫거린다. 번뇌 가득한 삶의 굴레에서 벗어나려는 듯 전신을 흔들며 모아쥔 수건을 허공으로 날려 보내고 힘없이 바닥에 쓰러진다. 급물살을 타던 거문고 선율도 어둠 속으로 사라진다.

남도잡가 <육자배기>

드디어 출구가 보인다. 멋모르고 들어섰다가 곤욕을 치렀다. 한번 발을 들여놓으면 마음대로 돌아설 수 없는 길이었다. 그런 줄 알았으면 애초에 시작하지도 않았을 것이다. 아무나 흥얼거리는 잡가라고 섣불리 달려들었다가 한 장단이 채 끝나기도 전에 벽에 부딪혔다.

잡가는 속되고 잡스러운 노래가 아니다. 지식층이 즐기던 정기正歌가 아닌 대중적 가요라고 사전에 나와 있으나 조선 후기 소리꾼들이 즐겨 부르던 민중의 소박한 노래다. 일반 민요보다 선율과 창법이 세련되고 흥겨움과 화려함이 짙게 배어있어 직업적인 예능인이 아니면 부르기 어렵다. 다른 민요보다 형식의 구속력은 덜하지만 많은 변화를 거듭하며 다듬어진 악곡이라 어느 한 부분도 쉽게 넘어갈 수가 없다.

남도잡가의 대표적인 곡은 〈육자배기〉이다. 여섯 박 장단을 나타내는 육자박이라는 말에서 유래되었다고 하나 분명치는 않다. 전형적인 남도 가락에 소절마다 한 편의 시처럼 아름다운 노랫말로 되어있다. 본래 일하면서 부르는 소박한 소리였으나 소리꾼들이 곡과 가사를 다듬어 정형화했다. 내용을 들여다보면 임을 그리는 서정적 시가 많고 형식은 시조처럼 절로 나누어져 한 마루씩 돌아가며 부르다가 마지막에는 제창으로 끝을 맺는다.

꼭 배우고 싶었다. 미룰수록 갈증은 더해갔다. 어떤 노래길래 그렇게 유명한지 궁금했지만 배울 수 있는 곳이 없었다. 제목은 모르는 사람이 없을 정도로 유명하지만, 기껏해야 여섯 박자로 만들어진 애잔하고 구성진 가락이라고만 알고 있었다. 답답한 마음에 유튜브를 뒤져 몇 곡을 들었다. 가사가 잘 들리지 않아 무슨 말인지 이해할 수가 없고 부르는 사람마다 가사와 창법이 달라 혼란스러웠다. 여러 번 들어도 고음과 저음이 급하게 바뀌고 시김새가 너무 많아 도저히 따라 할 수가 없었다. 장단이 변할 때마다 나오는 후렴은 배울 수 있을지 싶을 정도로 복잡했다.

입문한 지 삼 년 만에 가사를 받았다. 긴 가사에 한번 놀라고 다양한 장단에 또 한 번 놀랐다. 〈육자배기〉도 〈흥타령〉처럼 후렴으로 시작했다. 첫 소절부터 가사가 예사롭지 않았다. 얼핏 봐도 일정한 운율에 은유적인 내용이라 한 편의 시를 보는 것 같았다. 많은 절節 중에서 두 절만 선택했다. 한 소절을 훑어보니 앞서 배웠던 〈흥타령〉보다 훨씬 단순하고 짧았다. 지게 목발이나 물동이에 뒤집어 놓은 바가지를 두드리며 부른다는 말에 부담 없이 시작했다.

〈육자배기〉 수업이 시작됐다. 우선 선생님의 선창을 녹음하라고 했다. 잠시 숨을 고르더니 정적을 깨뜨리는 장구 소리와 함께 시작되는 후렴은 진중하고 무거웠다. 심호흡하듯 내뱉는 굵은 저음이 가슴속으로 밀려왔다. 마치 신령을 받아들이려고 접신接神을 시도하는 무속 음악이나 시나위 가락을 타고 흐르는 장중한 구음口音 같았다. 가슴 속에 쌓인 덩어리를 천천히 끌어올리는가 싶더니 곧이어 화산처럼 뿜어냈다. 단전에서 시작된 기운이 출구를 찾은 용암처럼 연달아 폭발했다. 마지막 남은 한 줌까지도 다 내뱉겠다는 듯 몸을 비틀며 소리를 토해냈다. 켜켜이 쌓아두었던 묵은 한이 애절하고 구슬픈 가락이 되어 몸부림치듯 허공을 향했다.

〈진도씻김굿〉의 한 대목 같았다. 극장공연이 아니라 방송에서 언뜻 보았지만, 어찌나 애잔하게 들리는지 한동안 여운이 가시지 않았다. 시나위 반주에 읊어대는 넋두리가 영혼의 소리처럼 들렸다. 알고 보니 망자와 먼저 세상을 떠난 친지들의 영혼을 불러들이는 초가망석이었다. 이승에서 못다 푼 한을 풀어 극락왕생하게 한다는 서정 무가였다. 그때만 해도 방송이 끝나면 다시는 볼 수가 없었다.

〈육자배기〉와 짝을 이루는 〈흥타령〉은 일 년 전에 배웠다. 늘 앞서거니 뒤서거니 붙어 다니는 노래다. 흥이라는 말에 춤추며 즐겁게 부르는 가벼운 노래인 줄 알았다. 처음 받아든 가사 두 소절은 시가 너무 아름다워 김수연 명창이 곡을 붙였다는 '창밖에 국화를 심고'와 영화 〈천년학〉에서 나오는 '꿈이로다'였다. 잔잔하게 끌고 가다 피를 토하듯 한을 털어내는 소리에는 애절함이 묻어났다. 가슴을 짓누르는 단단한 덩어리를 녹이고 달래며 실처럼 뽑아내는 것 같았다.

드디어 마지막 부분에 도달했다. 대장정을 끝내고 종착지에 도착한 기분이다. 혀가 꼬이고 장단을 타지 못할 때는 굳이 이렇게 고생해가며 배울 필요가 있나 싶었다. 후렴 한 줄 배우는데 일주일은 예사였다. 그래도 자꾸만 꼬였다. 후렴이 제대로 박을 타지 못하면 노래가 방향을 잃고 제맛을 내지 못하기에 더 어려웠다. 힘이 빠질 때마다 소리 전공 학생들도 쉽게 부르지 못하는 곡이라며 기를 살려주었다. 수십 년이 걸려도 잘되지 않는다는 명창들의 말이 갈수록 진하게 느껴진다.

소리도 도자기와 같다. 진흙으로 형체만 만들었다고 도자기가 되는 것은 아니다. 그늘에서 말린 기물에다 문양을 새기고 굽는 것도 모자라 유약을 바르고 고온에서 다시 구워야 유리처럼 반짝거린다. 소리도 가사와 가락을 외우고 목청만 돋운다고 소리가 되는 것은 아니다. 흙과 유약이 어우러져 비색을 내는 청자처럼 자신만의 무늬와 색상으로 음률을 농락할 수 있어야 비로소 소리를 끌고 가는 소리꾼이 된다.

사람도 다르지 않다. 설익은 지식과 달변으로 주변을 농락하려는 사람들이 많다. 상대를 먼저 배려하는 이타심보다 자신의 부귀영달과 사리사욕에 사로잡힌 독불장군이 늘어간다. 본래의 자신을 버리고 곰삭고 농익을 때까지 참고 견디며 내공을 쌓은 사람이 그리워지는 세상이다.

지금도 〈육자배기〉를 듣는다. "정이라 하는 것은 아니 줄려고 하였는데 우연히 가는 정은 어쩔 수가 없네." 이제야 가사가 조금씩 귀에 쌓이고 입에 익는다. 자진육자배기를 지나 세마치장단으로 들어서자 어깨가 절로 들썩인다.

아니리광대

아무리 노력해도 되지 않는 일이 있다. 없는 소질을 들먹거리며 환상을 좇다가는 낭패 보기 십상이다. 자신의 자질을 파악하고 분수에 맞게 살라고 가르치지만 늘 높은 곳만 쳐다본다. 갖가지 유혹에 현혹된 젊은이들이 헛된 꿈을 향해 부나방처럼 덤벼든다.

아니리광대도 소리광대를 꿈꾼다. 화려한 무대를 상상하며 죽을 힘을 다해 피를 토해낸다. 현실에서 벗어나 나비처럼 훨훨 나는 날을 기다리며 날마다 몸부림을 친다. 오늘은 애벌레에서 번데기가 되어 몸을 감추었다가 다음날이면 단단한 껍질을 벗고 날개를 다는 꿈을 수도 없이 꾼다. 용화蛹化와 우화羽化의 변태를 거쳐야 비로소 한 마리의 나비가 되듯이 소리광대도 질곡의 세월을 견뎌내며 변신을 거듭해야 가능하다.

오래전 심청가 공연을 보러 갔을 때였다. 용모가 준수한 소리꾼이 어둠을 뚫고 내려온 한 줄기 빛을 앞세우고 무대 중앙에 섰다. 정중한 인사와 함께 터져 나온 박수 소리가 잦아들자 천천히 재담을 늘어놓았다. 좀 심하다 싶을 정도로 고수를 하대下待하는 말에 청중석에서 폭소가 터졌다. 소리가 시작되기도 전에 분위기가 달아올랐다. 어쩌다 소리가 조금 나오는가 싶으면 바로 연기와 재담이 밀고 들어왔다. 소리를 기다리던 객석은 언제 그랬냐는 듯 연극 같은 만담에 흠뻑 빠졌다.

소리보다는 재담이 좌중을 웃게 한다. 질펀한 입담과 어눌한 몸놀림에 박장대소는 물론이고 눈물까지 흘리는 관객도 보였다. 하지만 소리는 기대 이하였다. 순간순간 추임새와 박수가 터져 나왔으나 묵은지 같은 깊은 맛이 없었다. 무리하게 연습을 했는지 원래부터 잠긴듯한 목청이었는지 청중이 감동할 정도로 곰삭은 맛을 내기에는 역부족이었다. 억지스럽게 소리를 하다 보니 듣는 사람도 힘이 들었다. 여물지 않은 곡식처럼 조금은 부족해도 연방 땀을 훔치며 최선을 다하는 소리에는 간절함이 묻어났다.

아니리도 제맛을 내기는 어렵다. 적절한 선율과 억양으로 시선을 모으려면 상당한 기교가 필요하다. 신재효申在孝는 <광대가>

에서 "아니리 짜는 말은 아리따운 제비 말과 공교로운 앵무 소리"라 하여 내용 못지않게 선율을 잘 잡아야 한다고 했다. 구수한 만담은 입으로만 하는 게 아니라 공력 있는 연기가 동반되어야 청중과 호흡을 같이 한다. 지금은 동편제나 서편제 같은 가락에 밀려났지만, 한때는 소리보다 더 많은 웃음을 자아냈다. 작고한 박동진朴東鎭 명창이 많은 부분을 찾아내 복원시켰으나 계승자가 없어 대부분 빛을 보지 못하고 사라졌다.

소리광대를 꿈꾸며 소리를 시작한다. 사설과 가락을 외우고 득음을 하고 나면 자신만의 더늠을 만드는 명창을 꿈꾸며 입문한다. 많은 노랫말과 아니리는 시간이 지나면 저절로 해결되는 줄로 안다. 유명한 스승에게 사사하고 명산대천을 찾아가 독공의 과정을 거치면 소리꾼이 되고 명창이 된다고 믿는다. 그때는 소리꾼이 될 자질이 부족하다는 충고도 바로 들리지 않는다. 스스로 소리광대가 될 수 없다는 것을 깨달았을 때는 이미 돌아갈 수 없을 때가 많다.

아니리는 쉬운 줄 알았다. 책을 읽거나 말하듯이 단순히 내용만 전달하면 되는 것 같았다. 정해진 사설도 없어 임기응변으로 적당히 얼버무리는 소리의 연결부 정도로만 생각했다. 실제 공연을 보러 가도 크게 호흡하며 거침없이 내뱉는 진양조장단이나 정신없이 몰아붙이는 휘모리장단에만 몰두했다. 진중하다

가도 금세 재미난 장단으로 변하는 아니리는 잘 들리지 않았다. 어떤 때는 고수와 잡담하면서 숨 고르기를 하거나 잠시 쉬는 것 같아 굳이 배울 필요가 없는 것처럼 보였다.

소리를 배우면서 생각이 달라졌다. 소리꾼은 관객들의 시선을 거머쥐고 구성지고 간드러진 시김새만으로 공연장 분위기를 사로잡는 것이 아니었다. 대목마다 장단과 감정을 조절하고 양념 같은 아니리로 다음 대목을 끌어냈다. 자세히 들어보면 대목의 연결부가 삐걱거리지 않도록 윤활유 같은 역할을 한다. 연결부가 튼튼해야 수많은 대목이 끊어지지 않고 자연스럽게 들린다. 기둥 같은 눈대목이 끝나면 익살스러운 재담으로 관객들의 긴장을 풀어줘야 부드럽게 다음 대목으로 넘어간다. 구성진 선율보다 고수를 하대하는 만담이나 몸짓이 많은 것도 그 때문이다. 오랜 경험과 뛰어난 말솜씨가 없으면 아니리는 제대로 맛을 내기 어렵다.

아니리광대도 어엿한 소리꾼이다. 소리광대를 받쳐주는 이류 소리꾼이 아니다. 놀이판의 분위기를 살리고 연극무대를 달구는 어릿광대와는 본질부터가 다르다. 단지 소리보다는 익살스러운 몸짓이나 재담에 무게를 두고 많은 시간을 할애할 뿐 인물이나 경륜에서 부족함이 없다. 소리광대가 소리에 치중하듯 단지 아니리에 치중할 뿐이다. 만담과 재담으로 분위기를 고조시켜야 최고의 소리꾼이 대미를 장식할 수 있다. 때로는 소리광대보다 훨씬 빠르고 뜨겁게 공연장을 달구고 박수도 많이 받는다.

관객은 목소리에 감동하지 않는다. 아무리 타고난 천구성과 다듬은 수리성이 잘 어우러져도 발림이 없으면 공감을 얻기 어렵다. 지나치게 한이 서린 애절함보다 무념무상의 담담한 소리에 너름새가 더해져야 감동한다. 어느 때는 상청과 하청을 넘나드는 통성보다 작은 진폭으로 다가오는 아니리광대의 소리가 더 가슴을 파고든다. 가끔은 득음하지 못한 거친 소리에도 듣는 사람이 공감하고 감동한다. 타고난 재능을 인정하고 소리판의 밑거름이 되어주는 아니리광대가 어쩌면 진정한 소리꾼이라는 생각이 든다.

독선적인 명창보다 분수를 아는 소리꾼이 돋보인다. 어디를 가도 조금만 인정받고 인기가 올라가면 천지를 모르고 날뛰는 사람이 많은 세상이다. 자신을 내려놓고 한길만 묵묵히 걸어가는 아니리광대 같은 사람은 만나기 어렵다. 소리를 통해 소통하고 아픔을 치유할 수 있는 소리꾼이 최고의 명창이고 국창이다. 아무리 연기를 잘하고 소리가 좋아도 인물을 최고로 치는 것도 그 때문이다. 그다음이 득음이고 사설이고 너름새다.

갈수록 자신감이 떨어진다. 탁 트인 목청은 고사하고 잡가 하나도 제대로 마무리 짓지 못하고 다시 단가를 배운다. 판소리 눈대목은 시작이나 할 수 있을는지 점점 두려운 생각이 앞선다. 이제는 아니리광대가 하늘처럼 높게만 보인다.

짝두름

거친 숨을 몰아쉬며 자리에 앉는다. 퇴근하자마자 바로 왔는데도 공연 시간이 임박해서야 도착했다. 수백 석의 객석이지만 빈자리를 찾기 어려울 정도로 꽉 차 있었다. 정신을 차리고 앞을 바라보니 무대를 가리는 검은 장막에는 분주하게 오가는 사람들이 실루엣으로 나타난다.

사십 년 전에는 무대 뒤에서 동생을 지켜봤다. 대학 축제의 백미, 장기자랑 대회가 열리는 마지막 날이었다. 대강당 문이 열리기도 전에 인파가 몰려들었다. 출연자가 있는 학과에서는 응원을 핑계로 떼로 몰려와 일찌감치 진을 쳤다. 출연자 대기실로 찾아오는 친구들이 늘어날수록 동생의 얼굴에는 불안감과 초조함이 역력했다. 소리와 장구를 정식으로 배우지 않고 오직 귀동냥으로 익힌 실력만으로 도전하다 보니 점점 자신감이 떨어지는 것 같았다. 아무리 옆에서 격려해도 자리에 앉았다 일어나기를 반복했다. 수년 전 대학 새내기 시절 내가 경험했던 상황과 너무 비슷했다.

드디어 대회가 시작됐다. 사회자가 들락거릴 때마다 한 팀씩 불려 나갔다. 통기타연주가 주류를 이루던 시대라 국악은 누구도 관심을 두지 않았다. 사회자도 처음 들어본다며 제목을 몇 번이나 묻고 확인했다. 대기실에는 통기타와 서양악기를 조율하는 소리와 목을 푸느라 물을 마시고 소리를 지르는 참가자들로 가득했다. 박수 소리가 간간이 들려오자 더 긴장하는 것 같았다. 누구도 신청하지 않은 서도민요라 장구는 멀찌감치 놓아두고 출연자의 연습 모습만 지켜보고 있었다. 긴장을 풀어주려고 이런저런 말을 시켜도 표정은 점점 더 굳어만 갔다. 마침내 불려 나갔다. 가늘고 긴 초성으로 간드러지게 떠는 서도 소리의 첫 소절이 끝나기도 전에 박수 소리가 대기실까지 들렸다. 같은 곡으로 여러 번 공연한 적이 있어 직감적으로 성공했구나 싶었다. 커튼 틈새로 지켜보며 얼마나 긴장했는지 노래가 끝나자 손바닥이 흥건하게 땀에 젖어 있었다.

훤칠한 소리꾼이 모습을 드러낸다. 선풍도골의 선비처럼

의관을 갖추고 조명을 따라 무대 중앙으로 나온다. 박수갈채와 환호성이 길게 이어지자 손부채를 모아쥔 채 객석을 향해 다소곳이 머리를 숙인다. 먼저 자리 잡은 악공들과도 가볍게 인사를 나누고 찬찬히 객석을 바라본다. 소리에 맞는 감정이입을 하는지 크게 한번 심호흡을 하더니 한동안 뜸을 들인다.

잠시 정적이 흐른다. 간간이 들리던 잔기침 소리도 들리지 않는다. 모두가 숨을 죽이고 장승같이 우뚝 서 있는 한 사람만 바라본다. 멀리서 봐도 꼭 다문 입술 굳은 얼굴에서 팽팽한 긴장감이 느껴진다. 평생 장단을 희롱하던 명창도 공연 시간이 다가오면 물을 마시며 목을 푼다. 아무리 준비를 많이 해도 시험장에만 들어서면 맥박이 빨라지듯 소리도 예외가 아니다. 짧은 시간이지만 밝은 무대와 어두운 객석에서 서로의 표정을 읽는다.

장구재비가 첫 박을 치자 대금과 아쟁 등, 삼현육각이 일제히 소리를 낸다. 간결하고 기교적인 사설과 맑고 경쾌한 장단의 경기민요가 잔잔하게 물살을 탄다. 비음이 가미된 성음이 지나치지도 부족하지도 않은 적당한 높낮이를 유지하며 공간을 채운다. 부드럽고 유창한 굿거리장단의 노래가 객석으로 전해진다. 애절하게 이어지는 아쟁과 대금 소리를 장구와 징이 장단을 매듭짓고 풀기를 반복하며 강약을 조절한다. 시간이 지날수록 악기 소리와 소리꾼의 목청이 진하게 어우러진다.

몇 해 전, 동생은 퇴직하자마자 경기 민요에 입문했다. 판소리나 남도민요를 배워 같은 무대에 서기를 은근히 기대했는데 맑고 경쾌한 가락으로 기울었다. 첫 공연은 같은 서도민요로 시작했지만, 동생은 득음이나 긴사설에 얽매이지 않고 굵은 목을 누르거나 시김새의 제약이 많지 않은 쪽을 선택했다. 알고 보면 민요와 판소리의 기본 장단은 별 차이가 없어 자신의 취향과 목청에 맞는 노래를 선정하는 것이 중요하다. 늘 흥얼거리던 신민요처럼 조금만 배우면 될 줄 알고 들어섰다가 아직도 헤어나지 못하고 수년째 배우러 다닌다.

대학을 졸업하고 장교로 제대한 동생은 처음 들어간 회사에서 퇴직했다. 당시 잘 나가던 업종이라 좋은 조건의 스카우트 제의에도 곁눈질 한 번 하지 않고 자리를 지켰다. 천직으로 생각하고 밤낮 가리지 않고 일에만 몰두했다. 사람을 상대하는 금융업이라 밤에도 마음 놓고 쉴 수가 없었다. 큰 고객의 상담은 주로 밤에 이루어졌고 술 접대는 기본이었다. 수렁에 빠져드는 줄 알면서도 자리를 뜰 수가 없었다. 체질에 맞지 않은 술은 몸과 영혼을 뒤흔들었다. 흐트러지지 않으려고 애를 쓸수록 점점 가라앉았다. 갑질을 일삼는 고객을 만나면 분노를 삼키느라 괜히 폭음할 때도 있었다. 남들이 보면 잘 정돈된 넓은 사무실에 운전기사까지 있었지만, 빛 좋은 개살구였다.

마지막 퇴근하던 날, 긴 세월 간직하던 수많은 전화번호부터 지웠다. 삼십 년 동안 누적된 기억마저 지우고 싶었지만, 뜻대로 되지 않았다. 누르고 눌러두었던 불돌이 뜨겁게 달아오르면 스스로 감당하기 힘들 때도 있었다. 모든 것을 잊고 삭이려 해도 마음 같지 않았다. 즐거웠던 일은 다 잊은 채 날마다 동분서주하며 영혼마저 팔아야 했던 날들이 생생하게 다가왔다. 덧없는 기억이 난마처럼 얽히면 분노와 후회를 주체할 수 없었다.

노래는 해방구였다. 장단을 치고 소리를 지르다 보면 어떤 번뇌나 잡생각도 일어나지 않았다. 날마다 영혼을 갉아먹는 경쟁사회도 아니고 서로를 감시하고 질시의 대상으로 보는 직장과는 달랐다. 생각조차 하기 싫은 지난날의 숱한 고뇌마저 다 빠져나가는 것 같았다. 소리를 배우고 가르치는 사람들과 어울리다 보니 저절로 닮아갔다. 다양한 복장부터 전문적인 용어까지 모두가 낯설어도 세월의 더께가 쌓여가자 마음도 가락도 익어갔다. 아직은 흉내 내기도 바쁘지만 가끔은 크고 작은 공간에서 오늘같이 공연도 한다.

늘 가슴 졸이며 지켜본다. 사십 년 전 대학 축제 때는 무대 뒤에서, 지금은 객석에 앉아 동생의 순서가 끝날 때까지 숨죽여 바라본다. 유년시절부터 우리 가락에 빠져들어 이순을 넘긴 지금까지 서로 버팀목이 되어준다. 축제 무대를 시작으로 크고 작은 상을 셀 수 없이 많이 받아도 혹시 가사가 틀리거나 장단을 놓치지나 않을까 노파심을 떨치지 못한다. 예절과 선율이 세련되고 깊이를 더해 가도 끝까지 눈을 떼지 못하는 건 마찬가지다. 이순을 넘어 회갑을 맞이한 동생이지만 첫 공연 때처럼 먼발치서 따라 부르고 추임새를 넣는다.

지금은 욕심부리지 않는다. 민요가 아니거나 공연장이 없어도 상관없다. 더는 삭이고 눌러두지 않고 기회만 있으면 쏟아내고 뱉어낸다. 가끔 끼가 넘치는 형제들이 동생의 시골집 청심헌淸心軒에 모이면 풍물부터 잡는다. 누가 먼저랄 것도 없이 시작된 노래는 상쇠와 부쇠가 번갈아 가며 꽹과리를 연주하는 짝두름처럼 소리로 대화하고 공감하며 밤을 지새운다. 얼마나 더 그렇게 할 수 있을지도 모르면서.

독공의 길

산 공부를 떠난다. 깨우침을 갈망하는 수도자처럼 심산을 찾아간다. 속세와 연을 끊고 누구도 쉽게 찾을 수 없는 곳에다 거처를 마련한다. 세속에 찌들지 않은 새로운 성음을 찾아 산짐승이나 눈비만 피할 수 있는 작은 초막을 어설프게 엮는다. 온몸에 밴 번뇌와 탐욕을 내려놓고 오직 득음得音에만 열중한다.

종일 소리를 지른다. 식음도 잊은 채 바위를 두드리며 성대를 난련한다. 달이 밝은 보름이니 은하수가 강물을 이루는 그믐밤에도 멈추지 않는다. 폭포에 맞서거나 바위산을 향해 전신의 기운을 토해내지만, 반향은커녕 흔적도 없이 어디론가 스며든다. 날마다 도전해도 폭포와 산은 꿈쩍도 하지 않는다. 울림이 없으니 귓가에 맴돌 겨를도 없이 빠르게 사라진다. 여린 목청으로 자연의 소리를 내겠다며 달려든 것이 무모한 짓인지도 모른다는 생각에 쉰 소리마저 꺽꺽댄다.

소리꾼이 되기는 어렵다. 매일 듣고 보고 배워도 마음대로 되지 않는다. 아무리 좋은 재능을 타고나도 마음에 새기고 뼈에 사무치도록 고심하지 않으면 도달할 수가 없다. 득음은 스스로 심신을 갈고 닦아 수양을 쌓는 것이다. 타고난 목청을 버리고 새로운 청을 만드는 과정이라 여간 힘들지 않다. 좋은 목은 단시간에 만들어지거나 억지로 되지 않는다. 쉬었다 풀리기를 반복하며 성대에 굳은살이 생길 때까지 끊임없이 노력해야 한다. 목청을 혹사해 피를 토하거나 상처가 덧나면 더는 소리를 못할 수도 있다. 가족의 품을 떠나 오직 수리성과 천구성을 얻겠다며 명산대천을 찾아 헤맨다.

독공獨功의 길은 만만치가 않았다. 다시 가라 하면 가지 못한다. 이렇게 험한 여정인 줄 알았으면 아예 시작도 하지 않았다. 입신양명하여 후세에 이름을 떨치거나 부귀영화의 길이 아닌 줄 알면서도 그만둘 수가 없었다. 휘영청 달빛이 초막으로 새어들면 왜 여기에 누워 있는지 물었고, 움막을 송두리째 날려버릴 것 같이 비바람이 몰아치는 밤이면 짐을 싸기도 했다. 바깥세상과 차단된 이곳은 태초의 소리만 존재했다. 사방이 어둠에 갇히고 시나위 같은 풀벌레 소리마저 잦아들면 쉰 듯한 소쩍새의 억센 울음만 산속의 처연함을 자아냈다. 으스름달이 하얗게 사위어갈 때까지 자식 잃은 어미처럼 구슬피 울어댔다. 끊어질 만하면 이어지고 이어졌다가 잠시 쉬어가는 소리에 어둠은 새벽으로 향했다.

날이 밝기도 전에 다시 소리를 지른다. 맹수가 포효하듯 거칠게 어둠을 흔들자 놀란 산새들이 포르릉 날아오르고 멀리 억새 숲 산꿩도 튀어 올라 쉰 목소리를 두어 번 내고는 어둠 속으로 자취를 감춘다. 풀벌레 소리마저 잠든 산중은 다시 계곡 물소리만 적막을 타고 흐른다. 몇 번 목청을 가다듬다 단가 한 가락을 뽑는다. 단전에 힘을 주며 복식호흡을 해보지만, 무아지경은커녕 선뜻 선율을 타지도 못한다. 나무토막 북채로 바위를 내려치며 온몸을 흔들어도 소리는 이내 숱한 나뭇가지 속에 묻혀버린다. 폭포 앞에 서기도 전에 목이 지쳐간다. 호기 넘치고 결연하던 자신감이 무너지자 빳빳하던 후두 근육이 소금씩 풀린나.

득음했다고 끝이 아니다. 사설에 맞는 소리를 낼 수 있도록 충분히 익혀야 한다. 그래야 어떤 대목도 막힘 없이 자유자재로 밀고 나갈 수 있다. 가사에 맞게 목을 쓸 줄 알아야 관객이 공감하고 추임새가 터져 나온다. 원하는 목소리를 얻어도 사설과 적절하게 어울리지 못하면 귀명창은 대번에 고개를 흔든다. 매스컴이 발달하면서 성급하게 얼굴부터 내미는 소리꾼도 많다. 사설을 제대로 풀어내지도 못하면서 크고 작은 무대에서 명창의 흉내를 낸다. 일찍부터 천재니 신동이니 하면서 세인들 입에 오르내리다 영글기도 전에 사라진 재주꾼이 많은 것도 그 때문이다.

묵은지처럼 숙성돼야 깊은 맛이 난다. 시간이 지난다고 묵은지가 되지는 않듯이 성음도 농익거나 감칠맛이 나지는 않는다. 숨도 제대로 쉴 수도 없는 어두운 지하에서 끊임없이 파고드는 고통을 감내하며 자신을 내려놓아야 한다. 짜고 매운 기운이 전신을 파고들어도 끝까지 참아야 구도자 같은 새로운 모습이 된다. 육신을 삭히며 영혼마저 털어내야 비로소 곰삭은 맛이 난다. 뒤척일 수도 없는 밀폐된 공간에서 아픔을 달래며 모든 것을 토해낸 푹 익은 김치처럼 소리광대도 인고의 세월을 보내야 한恨을 담은 성음의 문이 열린다.

먹을 갈 때도 조급하지 않고 기다리는 무던함이 필요했다. 단순히 먹물을 만드는 것이 아니라 붓을 잡기 전 다시 한번 마음을 정리하고 작품을 구상하는 시간이었다. 지그시 누르면서 천천히 원을 그렸다. 넓은 벼루에 타원형의 궤적을 그리며 빙글빙글 돌렸다. 먹물의 농도는 생각같이 빠르게 진해지지 않았다. 조급한 마음에 세게 누르면서 연방 손을 바꿔가며 돌렸다. 순간 얕은 벼룻물이 사방으로 튀었다. 먹을 가는 것은 마음을 가다듬는 과정이었다. 마음을 다스리지 못하면 갈필과 습필은 고사하고 먹물도 만들어지지 않았다.

독공이 길어진다. 눈비가 와도 초막을 떠나지 않고 자신과의 처절한 싸움을 계속한다. 초주검이 될 정도로 힘든 생활을 하면서도 오직 소리에만 매달린다. 종착지가 어딘지도 모르고 더 깊은 곳을 향해 파고든다. 평생 외길을 살아온 망백의 어느 명창은 죽음의 문턱에 들어서도 진정한 득음이 뭔지를 모르겠다고 했다. 오직 소리 하나만을 향해 묵묵히 걸어가는 소리꾼을 보면 마치 내림굿을 준비하는 무당 같다.

독공은 깨달음이다. 애벌레가 번데기의 껍질을 벗고 완전한 성체가 되는 변신과도 같다. 비단 소리광대만이 아니다. 어떤 분야도 마찬가지이다. 새로운 경지를 향한 치열한 경쟁과 처절한 몸부림이다. 참혹하리만치 외롭고 힘든 투쟁을 하지 않고 자신만의 영역을 구축할 수는 없다. 현실과 동떨어진 외길이지만 훗날 누군가에게는 삶의 지표가 되고 길라잡이가 된다. 지금도 곳곳에서 밤새워 자신의 소리를 다듬는 소쩍새처럼 기존의 틀을 깨고 더 나은 세상을 넘겨다 본다.

공자를 죽여야 공자를 안다는 말이 있다. 지나치게 격식을 찾고 꽃길만 답습하면 새로운 경지의 더늠은 나오지 않는다. 자신만의 세상을 만들어야 틀에 갇히지 않고 어디든 자유롭게 훨훨 날아간다.

서도소리 <배뱅이굿>

높은 파장이 공간을 가득 채웠다. 쇠를 녹인 열기가 남아 있는 용접 공장이었다. 소음과 가스가 가득했던 실습공장의 무거운 정적이 깨지고 있었다. 가슴속 눌러두었던 마그마처럼 뜨거운 열기가 복도를 지나 공장 전체로 퍼져나갔다. 영역을 확인하는 맹수의 포효 같은 진동이 많은 기계를 타고 넘더니 울림으로 변했다.

한참 동안 고함에 가까운 노래를 불렀다. 창문을 닫고 셔터를 내린 밀폐된 공간이라 마음 놓고 소리를 질러댔다. 실습장 뒷정리를 하다 노래에 도취하여 혼자 즐기고 있을 때였다. 그렇게 노랫가락을 읊다가 뭔가 이상한 느낌이 들어 돌아보니 조교 선생님이 웃고 있었다. 깜짝 놀라 노래를 멈췄다. 얼굴이 화끈 달아올랐다. 열기가 한풀 꺾이고 어둠이 내리는 저녁이라 아무도 없는 줄 알았더니 아니었다.

노래는 〈배뱅이굿〉이었다. 며칠 전 공부하다 우연히 라디오에서 들은 노래였다. 가사도 곡조도 처음이었다. 아니리와 창으로 이어지는 판소리의 형식이지만 들어보면 전혀 달랐다. 판소리처럼 탁한 소리가 아니라 가늘고 긴 서도 소리였다. 정확한 발림이나 장단은 알 수 없지만, 이야기가 있는 노래였다. 순식간에 지나가 정확하게 기억할 수는 없어도 대략적인 줄거리는 귀에 남았다.

상엿소리가 오랫동안 귓가를 맴돌았다. 선소리꾼의 메김소리를 상두꾼들이 후렴을 받아주는 형식이다. 망자의 혼을 달래는 상엿소리가 없으면 상여는 떠나지 않는다. 평생 드나들던 마을 어귀에서 마지막 노제를 지내고 나면 구성진 선소리가 대열을 이끈다. 애절한 노랫소리를 따라 들을 지나고 강을 건너면 산으로 향한다. 행진곡처럼 발을 맞추다 보면 험한 길도 쉽게 가고 먼 길도 지루하지 않다.

〈배뱅이굿〉은 황해도를 중심으로 한 서도 창극의 하나이다. 판소리가 무게와 깊이가 있고 단조가 많다면 〈배뱅이굿〉은 경쾌하고 단순하고 장조가 많다. 처녀로 죽은 배뱅이의 혼을 위로하는 굿을 주제로 한 사람이 창으로 엮어 나간다. 태어나고 죽고 상여가 나가고 나면, 엉터리 박수무당이 굿하고 많은 재물을 얻어 간다는 내용이다. 각 도 무당의 특징을 익살스럽게 잘 살려 관객들을 울고 웃게 만든다. 망자의 혼을 달래는 굿이 죽은 자보다 산 자를 위한 카타르시스가 될 때가 많다.

〈배뱅이굿〉의 예능 보유자는 이은관 명창이다. 본래 구슬프고 처량한 성조였지만 무대 예술이 되면서 민요조가 강해졌고 사설과 창법도 변했다. 고저장단을 조절하는 창과 줄거리를 연결하는 아니리도 관객의 수준에 맞게 진화했다. 탁음이나 수리성을 사용하지는 않지만 부르는 사람의 목청과 시김새에 따라 전혀 다르게 들린다.

친척집에 가서 음반을 가져왔다. 한쪽 구석에 있는 음반을 만지작거리자 가져가라고 했다. 집에 오자마자 몇 번이고 반복해서 들었다. 라디오에서 얼핏 들었던 가사와 가락이 조금씩 입에 붙었다. 그 노래를 아무도 없는 줄 알고 큰 소리로 부르다가 들킨 것이었다. 머쓱하게 서 있는 나에게 어디서 배웠냐고 물었다. 용접을 가르쳐주는 한 살 많은 선배라 있는 그대로 말했다. 다음날 수업 시간마다 같은 질문을 받아야 했다. 별도로 누구에게 배운 적이 없다고 했지만 믿지 않았다.

그때 〈우리는 고교생〉이라는 프로그램을 제작하러 방송국에서

온다는 말이 돌았다. 내용과 진행 순서는 단순했다. 학생대표가 학교 소개와 자랑을 마치면 패널들이 정해진 주제에 대한 생각을 발표하고 간단한 삼행시를 지었다. 가장 인기 있는 부분은 다양한 재능을 선보이는 장기 자랑이었다. 담당 선생님은 〈배뱅이굿〉으로 정했으니 준비하라고 했다. 나는 장단도 없는 단역 창극보다 주제발표를 하겠다고 했지만, 선생님은 들은 척도 하지 않았다.

날이 다가올수록 은근히 걱정되었다. 다른 분야처럼 예행연습을 하거나 지도를 해주지도 않았다. 초등학교 학예회나 소풍 때 노래를 부른 적은 있지만, 전교생 앞에서 공연하지는 않았다. 팝송을 한글로 적어 다니며 외우던 시절이라 이상한 노래를 부른다고 흉을 볼 것만 같았다. 방송국에서 오는 날이 다가올수록 긴장은 더해 갔다. 목이 아프다고 할까 아니면 숨어버릴까 별의별 생각이 다 들었다.

드디어 방송국 차가 들어왔다. 중앙 도서관 앞에 작은 무대가 만들어지고 학생들이 화단을 중심으로 자리를 잡았다. 예정된 순서에 따라 한 프로씩 순조롭게 진행되었다. 미리 준비한 대본을 수없이 읽고 외운 덕에 대체로 무난하게 넘어갔지만, 경상도에서도 억양이 센 울산 사투리 때문에 애를 먹었다. 반복적으로 연습하고 고쳤지만 정작 녹음할 때는 뜬금없이 튀어나왔다. 웃고 즐기는 사이 내 차례가 점점 다가왔다.

중학교 때 웅변대회에 나간 적이 있었다. 나갈 생각이 전혀 없었지만, 수학 선생님의 강압적인 권유로 나가게 되었다. 사실 웅변이 뭔지도 잘 몰랐다. 아버지에게 웅변 책을 사달라고 했다. 책만 보면 공부하듯이 하면 되겠지 싶었다. 걱정하는 마음을 아는지 모르는지, 며칠이 지난 어느 날 《백만인의 웅변술》이라는 책을 사다 주셨다. 아무도 없는 과수원 방에서 날마다 원고를 외우고 발표 연습을 했다.

전교생이 모인 단상 앞 연사 자리에 앉았다. 쳐다보는 많은 시선과 마주치자 그동안 외웠던 원고가 하얗게 변했다. 드디어 단상에 올랐다. 중고등학교 전교생이 앉아 있는 높은 단상에 올라서니 눈앞의 원고도 잘 보이지 않았다. 생각나는 대로 고함을 지르다가 막히면 원고를 읽다시피 했다. 큰 대회에서 여러 번 입상한 경력이 있는 친구 누나는 달랐다. 원고를 외우는 정도가 아니라 몸짓이며 소리의 강약 등이 프로 같았다. 다음에 기회가 오면 나도 그렇게 하겠다고 다짐했지만, 기회는 다시 오지 않았다.

드디어 장기 자랑 순서가 되었다. 아나운서가 〈배뱅이굿〉을 한다고 소개했다. 다른 학교처럼 가곡이나 요들송 같은 노래가 아니라서 그런지 웅성거리는 소리가 들렸다. 어쩔 수 없었다. 웅변하고 후회했던 기억을 떠올리며 그냥 신나게 해야겠다고 마음먹고 서도 소리를 길게 뽑았다. 용접 공장에서처럼 즐겁게 불렀다. 방송국에서 온 사람이나 학생들이나 모두가 진지하게 듣고 있는 것이 눈에 보였다. 처음에는 신기하다는 듯이 웃던 친구들도 혼이 왔다고 평안도 박수무당이 흐느끼자 쥐 죽은 듯 조용해졌다. 노래가 끝나자 박수 소리가 크고 길게 이어졌다.

한동안 그 노래는 분신처럼 따라다녔다. 대학에 가서는 축제 때마다 무대에 섰고 몇몇 다른 대학 축제에도 초청받았다. 어느 해는 하룻저녁에 두 곳에서 공연한 적도 있다. 자칭 매니저라면서 설레발을 떠는 선배는 공연장으로 갈 때마다 물 만난 고기처럼 입맛부터 다셨다. 공연이 있는 날은 어김없이 남포동 뒷골목 막걸릿집이나 고갈비집을 찾았다. 군에 가서도 친구들의 권유로 행사 때마다 나가고 회사 생활을 하면서도 연말 모임에 가면 반드시 한 번은 불러야 했다.

세월이 갈수록 젊은 시절의 일들이 떠오른다. 누구나 풋풋한 향이 넘쳐나는 이야깃거리가 있다. 설사 힘들거나 어려움이었다고 해도 그리움으로 다가온다. 돌아갈 수조차 없는 아득한 시절의 단막극일수록 시도 때도 없이 고개를 치켜든다. 가끔은 담배 연기로 날려 보내고 술에 타 마셔보기도 하지만 마음대로 되지 않는다. 누름돌로 눌러 두어도 때가 되면 용수철처럼 튀어 올라 아득한 그 시절로 데려간다.

날이 갈수록 아무것도 모르고 마구 소리를 질러대던 그때가 자꾸 생각난다.

징소리

묵직한 파장이 사방으로 흩어진다. 놋쇠의 진동이 전두리를 벗어나 물결처럼 퍼져간다. 꽹과리나 범종처럼 경박하지도 장중하지도 않은 잔잔한 맥놀이가 조용한 마을을 흔들어 깨운다. 골목을 돌아든 소리가 사립문을 들어서면 하던 일을 멈추고 귀를 기울인다.

징소리는 낯설지 않았다. 태어나 가장 먼저 접한 악기 중 하나라라 친밀감이 느껴졌다. 즐겁고 슬픈 일이 있을 때마다 북이나 장구와 함께 들뜬 심장을 눌러주었다. 삼현육각뿐만 아니라 농악이나 굿판에서도 언제나 복판에 자리를 잡고 균형을 잡았다. 꽹과리가 아무리 빠른 장단을 치고 북과 장구가 큰 울림을 만들어도 징이 없으면 마디 없는 대나무 같았다.

사물四物의 가락을 멀리까지 품고 간다. 무게만큼이나 점잖고 포용력 있게 밀고 간다. 중심을 잡아주는 징이 제대로 받쳐 주지 못하면 다른 악기는 힘을 잃는다. 어지럽고 불안한 장단이 이어지면 숙련된 악공들도 제 기량을 발휘하기 어렵다. 징을 칠 때는 채를 짧게 잡고 울림판의 중앙을 밀 듯이 부드럽게 쳐야 되바라지지 않고 무겁게 들린다. 다른 악기에 비해 연주가 다양하지 못한 단점이 있으나 발림이 다양하고 여유가 있어 춤으로 신명을 표출하기에는 제격이다.

사물은 천지자연을 나타낸다. 꽹과리가 천둥과 번개를 치면 장구가 빗소리를 만들고 징이 바람을 일으키면 북소리는 구름이 되어 사라진다. 천지조화를 나타내는 사물놀이는 쇠로 만든 징과 꽹과리가 가죽으로 만든 북과 장구와 조화를 이루는 것이다. 관객과 함께 즐기던 마당놀이가 서양음악처럼 무대 사물놀이로 변하면서 풍물은 바닥에 내려앉거나 나무틀에 매달렸다.

징은 놋쇠로 만든다. 구리와 주석을 적절하게 혼합한 청동을 고온으로 가열하고 메질해야 진한 울림이 만들어진다. 좋은 소리는 그냥 만들어지지 않는다. 우선 합금의 황금비율을 찾아야 한다. 구리가 많으면 청음이 나지만 잘 깨지고 주석이 많으면 둔탁한 쇳소리를 낸다. 뜨거운 불길을 견뎌내고 여러 명이 동시에 두들겨대는 아픔도 참아내야 징이 된다. 가슴속에 남은 진물이 메마르고 한 방울 눈물마저 다 짜내야 맑고 긴 울림의 여운이 살아난다.

정월 대보름에는 날 저무는 줄 모르고 두들겨댔다. 풍물패는 이집 저집을 드나들며 쉴새 없이 내리쳤다. 지신을 밟는다며 한바탕 놀고 나면 구석구석을 돌며 액운을 몰아내고 만복을 기원했다. 평소에 굳게 닫혀있던 대문도 이날만큼은 활짝 열렸다. 동네 사람들의 축제인 화전놀이나 천렵을 할 때도 빠지지 않았다. 때와 장소를 가리지 않고 마을 사람이 모이는 곳이면 전속악단처럼 따라다녔다. 풍물은 주인이 정해져 있는 것은 아니었다. 누구나 자신 있는 것을 하나씩 들고 대열에 참가했다. 술잔이 몇 순배 돌고 나면 장단도 몸놀림도 유연해졌다. 그날만큼은 힘든 일이나 고단한 삶을 다 잊고 그냥 먹고 마셨다.

초등학생 때 처음 채를 잡았다. 들고 다니기도 힘든 나이에 동네를 돌며 징을 쳤다. 좋아서 하거나 무슨 놀이를 하는 것은 아니었다. 마을 이장인 아버지의 명에 따라 어쩔 수 없이 들고 나갔다. 저녁노을이 서산을 넘어갈 때쯤 집을 나서면 어둠이 골목에 깔려야 돌아왔다. 마을 사람들이 농사일을 마치고 집에 들어오거나 저녁을 준비하는 시간에 맞추다 보니 어쩔 수가 없었다. 친구들이 한번 쳐 보자고 해도 회의 소집을 알리는 무언의 약속이라 채를 넘겨주지는 않았다.

위급한 경우는 달랐다. 불이 났을 때는 회의 소집 때처럼 천천히 치지 않고 최대한 빠르고 세게 쳤다. 대부분 초가집이라 꾸물대면 금세 불길이 동네 전체로 번지기 때문에 휘모리장단보다 빠르게 채를 휘둘렀다. 두꺼운 쇠판이 깨질 정도로 정신없이 두들겼다. 리듬도 가락도 필요 없었다. 그냥 급하게 쳤다. 그래야 들과 밭에서 일하던 사람들이 달려왔다.

어느 해 겨울밤이었다. 먼 산에 불이 났다. 강풍을 타고 빠르게 정상을 향하는 불길이 보였다. 도깨비불 같은 산불이 세상을 집어삼킬 듯 능선을 따라 날아다녔다. 너무 먼 곳이라 우리 동네와는 무관한 산인데도 빨리 치라고 했다. 달빛마저 얼어붙은 추운 밤이라 그런지 불꽃이 점점 선명하게 보였다. 앞산을 넘고서도 한참을 더 가야 하는 먼 길이지만 동네 청년들의 움직임은 단호했다. 한동안 왁자지껄하던 골목이 밤공기를 가르는 발소리와 함께 점차 조용해졌다. 그날은 동네 전체가 밤을 새우다시피 했다.

뒷집에 소도둑이 들었을 때도 그랬다. 첫닭이 울고 얼마 지나지 않은 밤중에 소를 잃어버렸다며 난리였다. 웅성거리는 소리에 잠을 깬 어른들이 회관 앞에 모였다. 청년들은 어른들의 지시에 따라 황급히 조를 짜고 도둑이 도망갈 수 있는 모든 방향으로 추적을 시작했다. 이윽고 술렁이던 동네가 잠잠해졌다. 알 수 없는 공포에 놀라 잠을 깬 아이들은 큰방에 모였다. 새벽을 깨우는 닭도 요란스럽게 짖어대던 개도 그때는 조용했다.

가끔은 영혼도 불러냈다. 무당들이 신내림을 받을 때도 징을 두드리며 접신을 시도했다. 속도와 강약을 조절하는 징소리는 단순한 쇳소리가 아니라 영혼의 언어였다. 멀리 나가지 못하게 엎어놓고 두드리는 막힌 가락은 가슴 깊은 곳에 잠자는 또 다른 나를 불러냈다. 구천을 떠돌던 영혼이 모여드는 날에는 누구도 경솔한 행동을 하거나 거친 말을 하는 사람이 없었다. 파동을 타고 내려온 영혼들은 언제나 마지막 파장을 따라 돌아갔다.

지금은 고향의 소리가 사라졌다. 삶에 찌든 사람들을 위로하던 마을의 풍물패도 자신의 아픔과 고통으로 상처 난 마음을 치유하고 영혼을 달래주던 장단도 이제는 어디에도 없다. 울림이 사라진 텅 빈 골목에는 악을 쓰며 울어대는 매미 소리만 가끔 들린다.

토리

세상 만물은 제각기 특성이 있다. 같은 종種이라도 주변 환경에 따라 생존 방법이 다르고 토양이나 기후에 따라 성장 속도나 생김새도 판이하다. 생존을 위한 처절한 투쟁에서 세력을 넓혀 갈 수도 있지만, 전혀 다른 모습으로 도태되거나 사라지기도 한다. 때로는 돌연변이로 생겨난 변종이 훨씬 아름다운 자태로 자리매김할 때도 있다.

민요도 완성되는 것이 아니라 끊임없이 진화한다. 안주하거나 틀에 갇혀 시대의 흐름을 타지 못하면 뭇사람들의 기억에서 멀어진다. 도제교육으로 전수되다 보니 스승의 자질과 능력에 따라 가사나 가락이 조금씩 다를 수밖에 없다. 관객을 상대로 하는 무대 예술이라 타고난 울림통과 성대가 다르면 따라 하기 어렵다. 억지로 흉내 내다 성대에 이상이 생겨 소리꾼이 되지 못하고 도중하차 하는 경우도 허다하다. 모든 노래가 천편일률적이었다면 어찌 오랜 세월 관객들의 사랑을 받을 수 있었겠는가.

전통음악의 유형 중에 '토리'라는 말이 있다. 한 지역에서 자생적으로 만들어진 독특한 형식과 창법을 토리라고 한다. 지역이나 곡명 끝에 조사처럼 토리라는 말을 붙여 독특한 성질을 구분한다. 경기지역은 경토리라 부르며 선법에 따라 진경토리와 반경토리로 구분한다. 진경토리는 경기지역의 대표적인 양식으로 일명 창부타령조라고 하며 궁중음악의 평조와 유사하고, 경기 북부지역의 반경토리는 궁중음악의 계면조와 같은 계통이다. 서도지역은 수심가토리라 하지만, 평안도를 중심으로 한 관서지방에는 난봉가토리라는 새로운 선법도 있다. 호남지방의 육자배기토리는 경상도 서남부지역까지 퍼져 있고 동부지역의 메나리토리는 강원도와 경상도를 중심으로 이어지고 있다.

'조調'나 '제制'도 토리처럼 음악적 특성을 나타낸다. '제'는 주로 판소리에 사용되며 동편제와 서편제가 대표적이다. 영산강 동쪽의 동편제는 폭포수같이 힘찬 성음으로 툭툭 던지는 남성적인 소리로 발전하고 서쪽의 서편제는 많은 시김새로 애절한 감성의 밑바닥을 샅샅이 훑는 여성적인 소리로 자리 잡았다.

'조'에는 계면조界面調와 우조羽調, 평조平調가 있으며 가사와 장단에 맞는 감정을 실어준다. 계면조는 슬프고 애달픈 사연에 적합한 음조로 서양음악의 단조와 비슷하고 낮은 음조인 평조는 양악의 장조에 가깝다. 힘차게 밀어붙여야 제맛이 나는 〈적벽가〉의 삼고초려 대목은 박진감 있는 우조가 제격이다.

초창기에는 늘 부딪치며 정통성을 내세웠다. 동편제를 배운 사람이 서편제 소리를 하면 변절자로 낙인이 찍혔다. 마음대로 제를 바꿔 노래를 불렀다가는 이단아로 몰려 무대에 설 수도 없었다. 사설의 내용을 정확하게 전달하고 청중들로부터 공감을 얻는 데 최선을 다하지 않고 파벌의 세력을 과시하는 수단이 되면서 지나치게 차별화되었다. 젊은 명창이 그 벽을 허물었다. 서편제로 시작했지만, 동편제까지 완창한 국창 임방울 선생이었다. 한동안 양측으로부터 동시에 배척을 당한 적도 있지만, 워낙 출중한 소리꾼이라 시간이 지나면서 모두가 인정하게 되었다. 제대로 체계를 갖추기도 전에 경쟁적으로 체질을 강화한 덕에 지금은 누구도 넘볼 수 없는 독보적인 장르를 차지하고 있다. 예술의 세계는 단순히 우열을 가릴 수 있는 영역이 아니라 상호 보완적인 관계일 때가 많다.

민요가 지역 정서를 나타낸다. 〈정선아리랑〉과 〈밀양아리랑〉, 〈진도아리랑〉과 같은 아리랑에도 지역의 특성이 그대로 녹아 있다.

서도의 〈수심가〉나 경기의 〈창부타령〉과 같은 민요도 독창성을 가지는 음조로 계승되었다. 포르투갈의 파두, 프랑스의 샹송, 이탈리아의 칸초네도 마찬가지다. 감미로운 샹송과 경쾌한 칸초네, 가슴을 파고드는 구슬픈 파두에도 민족과 지역의 감정이 잘 스며들어있다. 오랜 세월 이어져 내려오는 민속 음악에는 애잔한 곡이든 경쾌한 리듬이든 흥겹고 달콤한 내용보다는 안타깝고 애절한 삶의 애환이 담겨있다. 목노래 창법인 몽골의 독특한 흐미나 일본의 엔카도 아쉬움과 그리움에 관한 주제가 대부분이다.

육자배기토리를 배울 때가 생각난다. 남도 정서가 짙게 깔린 대표적인 민요라 배우기가 어려웠다. 어떻게 장단을 맞춰도 사투리가 많은 가사의 발음이나 미세한 감정까지 나타내기는 쉽지 않았다. 워낙 유명한 노래라 곡명만 보고 아무나 부를 수 있는 노래라 생각하고 시작했는데 아니었다. 가슴에 담아둔 한을 여섯 박자로 천천히 풀어낸다는 뜻이었다. 도입부 후렴구인 "산이로구나 헤에"가 애달픈 진양조장단의 메기는소리를 불러온다. 메기는소리는 음높이와 폭이 넓을 뿐만 아니라 소절마다 꺾고 떨고 밀고 나가는 시김새가 많아 장단 맞추기가 어려웠다. 들릴 듯 말 듯 나지막하게 시작되는 후렴이 청중의 시선을 집중시키면 소절마다 이어지는 후렴은 애절한 사연을 담은 독창에 공감한다는 의미로 다 같이 목청을 높인다. 그뿐만 아니라 다른 사람이 계속해서 이어갈 수 있도록 준비하는 시간을 벌어주기도 한다.

허투루 만들어진 가사는 없다. 자세히 들여다보면 소절마다 아름다운 사연을 시詩처럼 담고 있다. 기다림과 애절한 사랑을 다루는 내용도 있지만, 신세를 한탄하는 부분도 많다. 내용만큼이나 시김새나 음높이가 복잡해 배우고 싶은 사설을 정하는 것도 만만치 않았다. 선생님이 정해주는 몇 마디를 배우고 나서 귀에 익은 두 소절을 별도로 더 배웠다. 음역을 마음대로 드나들 수 있는 경지에 도달하면 사설도 자유롭게 바꿔 부를 수 있다고 하지만 쉽게 도전할 수 있는 영역은 아닌 것 같았다. 나중에 알아보니 잡가는 아무나 부르는 노래가 아니라 전문가의 영역이었다.

곳곳에서 생겨난 소리가 세상을 풍성하게 한다. 지역 특성에 맞게 생성된 민요의 다양성이 또 다른 형태의 문화를 만든다. 많은 토리가 음악의 지평을 넓혀주듯 일상에서도 아집과 편협된 생각보다는 서로를 존중하고 인정할 때 화합할 수가 있다. 자신만이 옳고 최고라는 자아도취 상태가 지속되면 어떤 좋은 의견이나 제안도 받아들이지 못한다. 긴 세월 탄탄하게 다져진 소리는 어떤 외풍에도 흩날리지 않고 또 다른 형태로 진화한다.

언제쯤 반목과 질시에서 벗어나 상대를 인정하고 존중하는 세상이 오려는지. 아무래도 아직은 시기상조라는 생각이 든다.

<적벽가>

1. 소리의 연緣

반세기 전쯤 일이다. 대학 새내기 때 처음 판소리 학원의 문을 두드렸다. 민요를 배우려고 찾은 것은 아니었다. 대학 축제의 백미였던 농악 경연대회를 준비한답시고 무작정 찾아갔다. 정확히 무엇을 하는지도 모르고 들어간 그곳에는 목청을 높이는 남도 소리와 대금 같은 전통 악기 소리만 가득했다. 농악은 가르치지 않는다는 말에 선배는 바로 돌아가자고 했다.

선뜻 발을 뗄 수가 없었다. 얼어붙은 듯 꼼짝 못 하고 소리 배우는 모습을 지켜봤다. 고등학교 때부터 작은 무대를 몇 번 오르내리며 흉내 내던 서도소리와는 완전히 달랐다. 불혹을 갓 넘긴 듯한 젊은 선생이 피를 토하듯 내 뿜는 상청과 막힘없이 치고 나가는 통성은 마치 신의 경지 같았다. 대금도 마찬가지였다. 백발의 연주자가 어깨를 들썩일 때마다 구성진 가락이 허공으로 퍼져나갔다. 끊어질 듯 이어지고 퍼졌다가 모여드는 파동이 심장 박동과 겹칠 때마다 머릿속이 하얗게 변했다.

조심스럽게 물었다. 얼마나 오래 배워야 이 정도 할 수 있냐고. 한참을 바라보더니 강산이 변해도 할 수 있을지 모르겠다고 순탄치 않음을 에둘러 말했다. 현실의 그늘에서 벗어나 소리에만 공력을 쌓아도 도달할 수 있을지 장담할 수 없다는 것 같았다. 타고난 자질이나 든든한 뒷배도 없이 문을 두드렸다가 또랑 광대도 되지 못하고 중도 하차하는 경우가 허다했다. 아무리 노력해도 타고난 소질이 없으면 안 된다며 학교 공부나 열심히 하라는 말로 끝맺었다.

전화번호를 수첩에 담았다. 물론 선생의 이름도 받아 적었다. 혹시나 가슴 깊숙이 자리 잡은 뜨거운 열정이 마그마처럼 지표를 뚫고 치솟으면 다시 찾으리라 다짐하며 출구를 향했다. 계단을 내려오는 내내 머릿속이 복잡했다. 아무것도 보이지 않고 들리지도 않았다. 오직 판소리의 여운만 맥놀이가 되어 커졌다가 작아지며 어지럽게 일렁거렸다.

본래의 자리로 돌아가려 애를 썼다. 기계를 돌려 쇠를 깎고

쇠를 녹여 쇠를 붙이던 지난날을 떠 올렸다. 밤하늘에 별이 반짝이는 출퇴근 길에 사정없이 몰아치던 한겨울 바닷바람을 떠올리고 쇳물에 타들어 가던 손바닥을 생각했다. 함께 왔던 친구가 무엇을 그리 골똘하게 생각하냐고 물었지만 달리 할 말이 없었다. 버스가 움직이자 길게 늘어선 가로수들이 갑자기 속도를 내며 빠르게 지나갔다.

어버이날 학교에서 주관하는 경로잔치에 출연 요청을 했다. 지역 주민들을 초대해 식사는 물론 선물도 드리고 학생들이 노래와 춤으로 여흥시간을 가지는 단순한 행사였다. 선생은 흔쾌히 문하생을 대동하고 참여했다. 학생들이 유행가와 신민요를 부르는 동안 장구 반주도 맡아주었다. 소리꾼은 마지막 무대에 올라갔다. 걸쭉한 전라도 사투리로 공손하게 인사하고는 바로 우렁찬 목청으로 남도소리 한 대목을 불렀다.

훗날 〈적벽가〉로 판소리 무형문화재 제5호가 된 송순섭 명창이었다. 가족 중에 전통음악을 하는 사람이 전혀 없는 비가비[非甲]인데다 학식이 뛰어난 한량광대도 아니었다. 일자리를 찾아 광주에 나갔다가 우연히 공연을 보고 공부를 시작했다. 돈이 없어 학원 창밖에서 혼자 익히다가 원장 공대일의 눈에 들어 〈흥보가〉를 배웠고 김준섭에게 〈심청가〉와 〈수궁가〉를 사사하고 부산 박봉술을 찾아가 〈적벽가〉를 전수하여 정통 동편제 소리꾼이 되었다. 당대 최고의 명창 동초 김연수에게 〈춘향가〉를 배워 다섯 마당을 완성한 늦깎이 명창이었다.

그 명창의 제자에게 소리를 배운지 칠 년째다. 단가 한두 곡을 배우려고 시작했다가 다섯 마당의 눈대목을 훑고 있다. 함께 목청을 돋우는 스승은 젊지만 화려한 이력만큼이나 열정이 대단해 적당히 넘어가는 법이 없다. 조금만 어물거려도 바로 불호령이 떨어진다. 단전에 힘을 모으고 상청을 낼 때마다 등에서 식은땀이 흐른다. 가끔은 공연도 하지 않는 공부를 어디까지 이어가야 할지를 자문할 때가 있어도 금세 목청을 가다듬고 다음 사설로 넘어간다.

몇 달 전 〈적벽가〉에서 불 지르는 대목 가사를 받았다. 〈춘향가〉의 눈대목 〈사랑가〉를 시작으로 〈심청가〉 〈흥보가〉 〈수궁가〉를 거쳐 마지막 〈적벽가〉까지 오는 데 여섯 해가 걸렸다. 일곱 장이었다. 어안이 벙벙했다. 잘못 받았나 싶어 다시 세어 봤다. 잡가 〈육자배기〉는 두 장이지만 몇 달 동안 음도 완전하게 익히지 못했고 단가 〈강상풍월〉은 아직도 장단과 따로 논다.

참 많이도 참고 기다렸다. 얼마나 어렵기에 그렇게 오랫동안 뜸을 들였나 싶었다. 어쩌면 시작도 하지 못하고 중도하차 할지도 모른다는 생각이 들 때마다 조급함이 목구멍까지 치밀었다. 몇 번이나 물어보고 싶어도 속으로만 삼켰다. 지켜보던 선생님이 말했다. 전공자가 아니면 시작도 하지 않는다고. 어쩌면 지금까지 배웠던 소리는 〈적벽가〉의 눈대목을 하려고 공력을 쌓았다고 했다. 그런 말을 들을 때마다 더 배우고 싶었다.

반세기 전쯤 들었던 〈적벽가〉를 이제야 배운다. 제목만 봐도 괜스럽게 가슴이 설렌다. 가사를 펼쳐보니 굵고 힘찬 목청으로 상하청을 자유롭게 들락거리던 젊은 명창의 얼굴이 떠오른다. 넋이 나간 듯 꼼짝 않고 명창의 소리를 듣던 스무 살 내 모습도 스치듯 지나간다.

2. 불 지르는 대목

마지막 소절이 끝났다. 마침내 어둡고 긴 터널을 빠져나왔다. 혀가 꼬이고 발음이 엉켜도 끝까지 끌고 왔다. 숨도 제대로 쉬지 못하고 소리만 지르다 보니 시김새는 고사하고 박자도 제멋대로였다. 하루 전부터 목청을 가다듬고 사설을 익히며 준비했지만, 막상 북장단을 만나자 어우리지지 못하고 따로 놀았다.

판소리 〈적벽회전〉은 다섯 마당 중에서 제일 어렵다는 박봉술제 〈적벽가〉의 눈대목이다. 삼국지의 적벽대전에서 조조 백만 대군이 동남풍을 타고 몰아치는 불길에 죽어 나간다. 원하지도 않는 전장에 끌려 나와 개죽음을 당하는 군졸들의 모습이 적나라

하게 펼쳐진다. 우세한 전력을 앞세워 마지막 일격으로 숨통을 끊어 놓겠다며 호언장담하던 조조는 변장도 모자라 말을 거꾸로 타고 달아난다. 권력을 틀어쥐고 천하를 호령하던 승상도 무명의 군졸도 죽음 앞에는 별반 다르지 않다.

참혹한 광경을 소리로 묘사한다. 백만 군병이 일시에 수장되고 구사일생으로 살아남은 조조의 처량한 신세를 우조와 계면조를 넘나들며 자연스럽게 감정 흐름을 펼쳐낸다. 죽음을 맞이하는 군졸들의 모습은 애절하게 풀어내고 혼비백산 도망가는 조조는 도두숨을 쉬어가며 통쾌하게 몰아간다. 군데군데 자리 잡은 가성과 의성어가 사실감을 더해주고 때로는 긴박한 상황을 해학적으로 표현해 관객들의 긴장을 풀어주기도 한다.

녹음부터 했다. 선생님은 목을 축이더니 천천히 북을 당긴다. 늘 치던 북이지만 다시 다스름을 하고 전쟁이 일어날 것을 암시라도 하듯 굵고 낮은 목으로 묵직하게 아니리를 시작한다. 태풍 전야의 고요함이 불안하게 다가오고 진중은 금세 긴장감으로 휩싸인다. 숨소리도 낼 수 없는 고요함과 물소리마저 들리지 않는 적막감으로 일촉즉발의 위기감을 자아내더니 곧바로 자진모리 장단으로 들어간다. 느닷없이 날아든 화살에 호위 장수 하나가 맥없이 물에 풍덩 빠지자 사방에서 불화살이 날아든다. 어디서 날아드는지도 모르고 일방적으로 당하는 장면이 처절하게 이어진다. 아수라장으로 변한 전장을 중계하는 빠른 소리에 북채도 미친 듯이 가죽을 두드리고 북통을 내려친다. 작은 체구에서 뿜어 내는 막힘없는 목청이 일시에 공간을 제압한다.

추임새 한번 넣지 못했다. 어디서 숨을 쉬는지를 몰랐다. 아무리 기다려도 적당히 쉬면서 목청을 가다듬는 숨구멍을 찾지 못했다. 긴박한 장면이 많아 함부로 끼어들 수가 없었다. 불길에 휩싸인 선상에서 물에 빠져 죽는 병사들과 힘 한번 써보지 못하고 죽어 나가는 최고의 장수들, 병사 옷을 뺏어 입고 정신없이 도망가는 조조의 모습 등 순식간에 지나가는 바람에 추임새를 넣을 수가 없었다.

첫 시간부터 진지했다. 분위기를 잡는 앞부분은 어떻게 잘 넘어 갔다 싶었는데 기습공격을 당하는 다음 대목에서 바로 문제가 생겼다. 생사를 넘나드는 전장의 분위기를 살리려고 목청을 돋우다 음 이탈이 반복됐다. 몇 번을 따라 해도 입에 붙지 않아 엉뚱한 말이 튀어나오고 장단을 놓치는 일이 반복됐다. 득음의 경지에 오른 명창들도 선불리 시작하지 않는 곡이라 각오는 했지만, 생각보다 더했다. 몇 번 버벅거리다가 보면 수업 시간이 끝났다. 더 배우고 싶어도 다음 팀이 기다리고 있어 늘 아쉬움을 안고 돌아섰다.

산책이나 운전할 때마다 녹음을 들었다. 예습한답시고 여러 번 따라 해도 감이 잡히지 않았다. 생소한 말이 많아 가사를 봐도 무슨 말인지 이해가 되지 않았다. 환갑 진갑 다 지나고 이게 무슨 생고생인가 하면서도 듣고 또 들었다. 굳이 득음하거나 긴 사설을 무리하게 외우려 하지 않고 그냥 부르다 보니 곡도 가사도 잘 외워지지 않았다. 소리꾼이 되거나 큰 무대에 서려는 것은 아니었다. 단지 약관의 나이에 처음 접했던 소리를 찾아 조금이나마 삶의 찌꺼기를 털어내고 싶을 뿐이었다.

수업 시간마다 눈치를 살폈다. 부를 때마다 목이 아프고 머리가 하얗게 변했다. 역부족일 때가 많았다. 목청을 가다듬고 불러도 엊저녁에 마신 술 때문인지 커피를 많이 마신 까닭인지 아니면 환절기 탓인지 역시 소리가 잘 나오지 않았다. 선생님은 초성을 낮게 잡고 무리하게 고함을 지르지 말라고 했다. 극적인 장면에서도 힘차게 밀어붙이지 못하고 늘 어설프게 끝났다. 계단을 내려오는 내내 끝까지 갈 것인가를 고민하지만 시간이 되면 다시 그곳을 오르고 있었다.

오늘은 끝까지 밀고 나갔다. 정교한 시김새를 놓쳐도 끝까지 소리를 질렀다. 어쩌다 들리는 고수의 추임새를 업고 두 달 만에 끝까지 갔다. 가락을 완전히 익히지 못해 이면의 뜻을 잘 전달하지 못하고 겉돌아도 중모리장단까지 이어갔다. 우조와 계면조를 들락거리며 청중을 웃고 울게 할 수는 없어도 처음으로 마지막 장을 넘겼다. 단순히 눈대목 하나를 배우는 것이 아니었다. 정식으로 판소리에 입문한 지 육 년 만에 다섯 마당의 눈대목을 완성하는 순간이었다.

그러나 통쾌하지가 않았다. 사나운 불길에 사라진 백만 군졸 때문이었다. 무엇을 위해 죽는지도 모르고 주검이 되었다. 시신조차 찾을 수 없는 가족들은 어떤 삶을 살았을까 싶었다. 오늘도 크고 작은 전쟁이 각처에서 벌어지고 예나 지금이나 병사들은 이름 없이 죽어간다. 누구를 위해 죽는지도 모른 채.

김순경 수필집

시김새

인쇄 2022년 11월 28일

발행 2022년 12월 1일

지은이 김순경
발행인 서정환
펴낸곳 수필과비평사
주소 서울시 종로구 삼일대로 32길 36(익선동 30-6 운현신화타워 빌딩) 305호
전화 (02) 3675-5635, (063) 275-4000 · 0484
팩스 (063) 274-3131
이메일 essay321@hanmail.net
출판등록 제300-2013-133호
인쇄 · 제본 신아출판사

ISBN 979-11-5933-444-3 (03810)
값 13,000원

Printed in KOREA

이 도서는 2022년도 한국문화예술위원회 아르코문학창작기금(발간지원) 사업에 선정되어 발간되었습니다.